ペルソナ
脳に潜む闇

中野信子

講談社現代新書
2589

はじめに　わたしは存在しない

無駄を肯定するということ

どの本を読んでも、「中野信子」が見えてこない、と言われることがある。それはそうだろうと思う。どちらかといえば、むしろ像がブレるように作っているところもある。そこまで読み込んでくださっている人がいるのは光栄なことだ。

モザイクのように出来上がっている中野信子の姿を、何がしたいのかよくわからない、といってお叱りいただくこともある。が、そういうその人こそ、何がしたいのかよくわからない。

とりあえず、目につく存在に文句を言って一過性の清涼感を得ようとしているのだろうか。他に楽しみを見つけることのできないやや残念な脳の持ち主かもしれない。そう思うと、どうにも寂寥《せきりょう》感が漂い、抑えがたい悲しみが押し寄せてくる。何がしたいのかよくわからない、というのは、何がしたいのかわからなくては生きている価値がない、という言葉の省略形だから。

私自身は「無駄を肯定したい」と公言していることをここではしっかりと明記しておきたい。世間の多くの人々は、無駄を許すような経済的、心理的余裕を、どうも持ち合わせてはいないように思える。そんな中で私だけが、あなたの生のどうしようもない無駄さ加減を肯定してあげられる人間なのかもしれないのに。攻撃をしてくるとは、本当にわかっていないなと思う。

何がしたいのか、わかる方がつまらない。何十年も先が見えてしまうような生き方は退屈ではないのか。見えてしまう方が気持ち悪くはないのだろうか。

埋没することを運命づけられた世代

私たちの世代は、おそらく戦後の世代で初めて、社会の挫折の煽《あお》りをダイレクトに喰らった世代である。私たちより前の世代にとっての世界と、私たちにとっての世界は百八十度、違っている。

私たちより上の世代の人々にとって、今日より明日は必ず明るかった。

私たち以降の世代にとっては、そうではない。今日より明日は必ずしも明るいとは限らない。それどころか、明日、明後日と、着実に暗くなっていくようですらある。

そんな時代を、どう暮らしたらいいのか。私たちはそんな不穏な予感を戦後初めて持った世代かもしれない。子どもをつくり、産むことをためらうほど。

私たちが失われた世代、と名付けられているのは象徴的だ。1970年代に公害まみれの日本に生まれ、壮絶な校内暴力の真っただ中で、今の子どもたちには想像もつかないような苛烈な受験戦争にさらされ、人生を有利にしようとして必死で入ったはずの大学を卒業しても、卒業時には就職氷河期のど真ん中だった。

誰も、私たちを求めていなかった。持って回った言い方をすれば、まるで、あらかじめ失われた人間たち、とでもいえるだろうか。私たちは団塊ジュニア世代、という言い方をされることもある。これは、ただ団塊の子どもたちであるというだけではない。ただ人数が多かったというだけでもない。

団塊ジュニアというのは、多数の中に埋没することを運命づけられた世代なのである。集団と個の関係を否応なしに意識させられる。埋没するまいと、個性を下手に顕在化させようとすれば、上の世代や同世代の多数からの攻撃に遭うことも既定路線だった。

私たちは、生まれてからずっと、透明な存在だった。失われるどころか、そもそも誰に求められてもいなかった。

私たちの世代の履歴書があまりにも「汚い」ために、そのことで上の世代の人間はかなり驚かされるという。汚い、というのは、職歴欄にびっしりと書き込みがあり、またそれが一貫しておらず、業種をまたいで職を転々としているさまがありありと刻まれている、ということである。

履歴書が汚い、というのは必ずしも私たちのせいではない。むしろ汚いと言い放つその世代の人々の放恣《ほうし》のシワ寄せがこちらに来ているということであるのかもしれず、言い回しそのものが非常に失礼に感じられるものである。

が、もう少し前向きな解釈が可能であるとすれば、この表現をされてしまうという事実に端的に表れているのは、私たちこそが、それまでの価値観から抜け出すことのできた最初の世代だ、ということにもなるだろう。

脳は一貫している方がおかしい

近代は1945年に終わった、とする見方と、1989年に終わった、とする見方がある。第二次世界大戦終結をもって現代の始まりとするのか、ソ連邦の崩壊をもたらした東欧革命をその区切りとするのか。大きな物語の終焉《しゅうえん》、という意味では、いずれも重要な意味を持つ年ではある。

ただ、1964年の東京オリンピックと、あるはずだった2020年の東京オリンピックでは、大衆の受け止め方が明らかに違っている。1964年は、国という物語を多くの人が信じ、大衆の共同幻想を膨らませる形でこのイベントが大いに機能した。けれど、2020年はどうなのだろう。

1989年の大きな物語の終焉と同期するようにして、CERN（欧州原子核研究機構）がワールドワイドウェブを発明したというのは示唆的だ。ワールドワイドウェブが開発されたのは、1989年3月12日。現在、私たちが使っているインターネット世界は、この年に産声を上げたのである。

この同じ時に、私たちの世代は思春期を迎えている。生まれた子どもの脳が、もう一度生まれ変わるような劇的な変化を経験するのが発達段階的にはこの時期である。私たちは、世界の変化と自身の変化を重ね合わせるようにして体験してきたのである。

私たちが一貫していないのは、当然ではないだろうか？　一貫していたら生き残ることができない、ということを、変化の大きい世界を肌で感じながら、学習してきたのではなかったか。一貫していることにこだわる、転向や変節といった言葉に過敏なまでに反応する人たちの失敗を横目で見ながら、ああなってはいけないよと直接間接のメッセージを受け取って、自身の航路を手探り状態ながら、自分の生き方をそのつど選んで生きてきたのである。

他人がそれを汚いと言おうが、そんなことはどうでもよい。いい子になって旧式の価値観に合わせ、共倒れするくらいなら、汚くとも堂々と振る舞って生き延びてやろうではないか。

むしろ、脳は一貫していることの方がおかしいのだ。自然ではないから、わざわざ一貫させようとして、外野が口を出したり、内省的に自分を批判したりもするのである。一貫させるのは、端的に言えば、コミュニティから受けとることのできる恩恵を最大化するためという目的からにすぎない。

私たちは、複数の側面を内包しながら、これらを使い分けて生きている。私たちの世代はこれを自覚的にできる人が旧世代よりも増えただろうが、人間というのは世代を問わず、そういうふうにできている。仕様だといってもよいだろう。

わたしだと思っているものは、わたしではない

わたしのペルソナ（他者に対峙する時に現れる自己の外的側面）は、わたしがそう演じている役である、といったら言い過ぎだと感じられるだろうか？　あなたが、わたしだと思っているものは、わたしではない。一時的に、そういう側面を見て取ってもらっているだけのことである。

無論、ある程度の遺伝的形質や、これまで過ごしてきた環境の種々の要因が私を形作っていることは事実ではある。今から皆さんが読むのは、その形質と要因に関わる内容である。私の今ある姿に着目し、私の持っているようなリソースを手に入れたい、と望む人にとっては、メタ的にはかなり役に立つ本になるだろう。

過去に存在した事実の集積で、人間はできている。過去の私を語ることが、現在の私を語ることになるのだが、考えてみると、今の私があるのは少し前の私がいたから、そしてその少し前の私がいたのは数年前の私がいたからだ。

そこで本書では、一般的な自叙伝とは違い、現在から時代をさかのぼる形で書き進めてゆくことにした。時には時代が前後したり、思考のみにフォーカスすることで時代性が不明になったりもする。何があったのか、具体的なことには触れず、読者の想

像に任せている部分もある。私に直接会って話をするよりも本書を読む方が、中野信子の記憶の闇へと深く潜ってゆく感覚を味わえるかもしれない。

また私の闇をさらけだす以上、いつもよりもさらに不親切に、ペダンティックに、時に攻撃的に書いてしまうかもしれないが、ご容赦いただきたい。


わたしは存在しない。

これは悲しいことではない。透明な存在であることを嘆く必要はない。だからこそ、来るべき変化に対応することができるからだ。もう変化のときは来ている。失われた世代として、透明に生きてきたからこそ、どんな姿にもなることができる。

本書を手に取ってくださった皆さんと、新しい変化のときを、柔軟に、楽しんで生き延びていくことができるようにと祈りつつ。

2020年　夏
東京オリンピックの閉会式が行われるはずだった日に
中野信子

目次

2章　脳と人間について思うこと
——災害と日本　2010〜2019——

4章　終末思想の誘惑
——近代の終わり　1990〜1999——

5章　砂時計　――1975〜1989――

1章　サイコマジック

――2020

本に書いた言葉が、
闇を抱えた人々の光になれば、と思う。

本を書くということ

人間の闇の部分に着目した本ばかり書いている。

タイトルのラインナップ——『サイコパス』『不倫』『脳内麻薬』『毒親』『シャーデンフロイデ』『人は、なぜ他人を許せないのか?』等々——を見れば、異様な感じを受ける人も多いのではないだろうか。ポジティブでイケイケの、そして少しマッチョで上から目線のビジネス書が売れ筋なのだろうと個人的には思っているが、中野の著書は明らかにそれらとは異質だろう。

数少ない昔からの友人にも「出してる本の背表紙だけ見ると『ちょっとヤバい人』だよね」と苦笑されてしまった。なぜ陰の部分にわざわざこだわって、光を当てようと思うのか、本書ではその理由の一部も明かしていくことにしよう。

心が冷えるとき、心が躍るとき

脳科学、ということで多くの人から人生相談のようなご質問をいただく。

ライフハック的な解決法をちょっと派手めに提示するというのが脳科学だと思っている人がほとんどなんだろうな、と思う。これはどうしようもないことだ。

メディアに出始めの頃、学術的な興味を持つ人は滅多にいないということをいやというほど思い知らされ「それは何の役に立つんですか？」という半笑いの取材ばかりを受けた。新聞社や雑誌社によってばらつきはあったけれど、クローズドな雰囲気の強いところほど基本的な知識を押さえる手間をかけておらず、どうも話したことと違う論旨にまとめられてしまう傾向が強いというのも興味深かった。

共感性の説明では教科書の一番初めに出てくるような「心の理論（Theory of Mind）」の話を出したときに「はあ？　こころのりろぉん？（笑）」と大笑いした記者の笑い声を、今でも覚えている。心の理論（他人の心を推し量り、理解する機能）、という響きがいかにも幼稚に聞こえたのだろうか。これは、学部生どころか、気の利いた中学生くらいなら誰でも知っているような心理学用語であるのだが……。

まあ、記者は取材対象に対して礼儀を持った対応をせずとも、組織の方さえ向いていればやっていけるということなのかもしれない。裏を返せば、その組織は能力のある人には居づらい環境で、それなりの水準の人しか残らない、ということなのだろうと思われても抗弁のしようもない態度ではあろう。

ここほどではないと思いたいが、世の中の知的水準はこれとそう掛け離れたものでもないのかもしれない。見かけばかりは豊かで繁栄しているようだけれど、日本の実態はそれほど、余裕のないところまで来ているということか。そういった事実の、これは残酷な反映でもあるのだとしたらとても悲しい。

はなからシンプルなライフハックを求めて来られてしまうと、ああ、この人はこれまでに、中野の傾向などほとんど知りもせず、おそらく本を一冊も読んだことすらなく、適当に名前を見かけた程度のきっかけで話を持ってきただけなのだな、と心が冷えてしまう。どうしてもお受けしなければならないときは表層1ミリくらいのところで、お仕事を振ってきた方と同じくらいの適当さをもって簡潔にビジネス的にお答えするようにしている。

一方で、その人の持つ独特のリアリティが反映され、その問題に寄り添うことでともに新しい世界が見えてくるようなお悩みを伺うときには、心が躍るような思いがする。週刊文春WOMANの連載企画「中野信子の人生相談」にお寄せいただいた「自分は虚言癖があり、困っています」というご質問は印象的で、たいへん興味深く感じた。ウソをつきがちな脳の持ち主については京都大学の阿部修士先生のすぐれた研究があるので、これを解説しながらまた後に書き記していこうと思う。

「自称ファン」の人々

一方で、何度も繰り返し訊かれてきたようなことを質問され、何度も同じようなお答えをすでに返しているのだが、といいたくなるようなことを訊ねられると、なんだか落胆してしまう。剰《あまつさ》え、刊行物にもなっているような問いを受けるとき、ひどく残念な気持ちになってしまう。本気でその答えを探しているのであれば、どこかで私が同じことを述べているのを見聞きしているはずではないのだろうか？

すでに書籍になっている内容を、インタビューで口頭で実際にお会いして伺いたいんです、と言われるときなどは、コロナの問題があるので……と苦し紛れに言ってしまう私の心的負担を、どうか斟酌《しんしゃく》していただけないものかと、私の方が、逆に悩み相談をしたくなってしまうくらいだ。

フェイクニュースやデマや人の悪い噂はあっという間に広まる感があるのに、人を癒やし、救うかもしれない情報というのは、これほど伝わりにくいものなのか、ともどかしくなってしまう。メディアで発言する場をいただくようになってから数年経つが、この問題はちゃんと考え始めるとなかなか興味深い。パーコレーション理論（物質がどのように浸透してゆくかを考察する理論）を応用した情報伝播のモデルをもっと勉強してみようか……。

SNSなどでよくみられる、0・5秒くらい考えただけの思いつきの質問なんだろうな、という類《たぐい》の問いかけはさすがにもはや精読しないことにしている。もしかしたらこうした質問をしてくる方は、単に中野と絡みたいだけで適当な質問を無理やりひねり出しているのではないかとすら思えるほどだ。

さすがにこんなうがった見方をするのはやや自意識過剰かもしれないと思いはするが、実際に、中野が何度も同じことを繰り返し答えているはずの質問を「ファンです～」と満面の笑みでおっしゃる方から伺うと、いや、あなた絶対にファンではないですよね、と心の中で突っ込んでしまう……。多くの「自称ファン」の人々から、あまりにぞんざいに扱われて、疲れているのかもしれない。どうか大目に見てくださらないだろうか。皆さんのやさしさを信じています。

いや、わかってはいる。質問をしてくださる方は答えが欲しいのではなくて、寄り添ってほしいだけなのだということくらい、百も承知だ。

けれど、私の時間も皆さんと平等に、一日24時間しかない。夫と過ごす時間も大切にしたい。仕事もしなくてはならない。リサーチも必要だ。一人に1分だけという短い時間しか割《さ》けず、夫と話をすることはおろか、着替えもせず、風呂にも入らず、一睡もせず、食事もせず、一度もトイレにもいかずオムツをつけっぱなしで頑張ったとしても一日あたり最大で１４４０人としか話をすることができない。

単純な算数だが、そういうことを考えてくださる方はどれほどいるだろう。まあ、たぶん、考えられないタイプの人が、勢いにまかせてやってくるということなのかもしれないけれど……。

静かで温かい思索

本書を手にしてくださった方には、本当は一人一人にお礼を申し上げたいような気持ちでいる。けれど、人間の持っている時間は有限で、それは私にとっても例外ではなく、この先、直接お会いすることは叶わないかもしれない。

だから、せめて、誰かほかの人を介するのでなく、本を介して直接、私の頭の中と皆さんの頭の中をつなぐことができればと思っている。これなら、本が存在し続ける限り、私と皆さんとはいつでも会えるのと同じことだ。

同じ空間にいても、慌ただしい場所で出会い、言葉も満足に交わすことができずにあいさつ程度で離れ離れになっていく二人もいる。一方で、一度も出会わずとも、深いやりとりをかわし、満足感を得られる関係もある。本の良いところは、儀礼としての意味しかもたない言辞や振る舞いを抜きにして、本質的な思考のやり取りができる点にある。ネットのせわしない、強迫的に思考を奪われていくような言語空間とは異なる、静かで温かい思索が、人間には必要だ。

一隅を照らす、という言葉がある。こうして書いている一文字一文字が、闇のような世界の中で、誰かの足元を照らすことができればいいなと思っている。

脳は毎夜、夢を見ながら再構成されている

なぜ月は落ちてこないのか

万有引力の法則を知らない人はほとんどいないと思うが、リンゴは地面に向かって

落下するのに、なぜ月は落ちてこないのか。

過不足なく正確に説明できる人は、どれくらいいるだろう。

自然科学の素養があるかないかを、この設問で見分けることもできる。月が落ちてこない理由でなくてもいい。地球を巡る人工衛星は、どうして飛び続けていられるのか、を説明するというバリエーションもあり得る。

月は、落ちてこないのではなくて、ずっと地球に向かって落下し続けている。ただその速度が速すぎるために、その軌道と地面とが交わらないだけなのだ。月が特別なのではない。人工衛星も同じ法則に従っている。リンゴが地面に向かって落下するのと同じ。とてもシンプルだ。

人工衛星などを打ち上げる場合、第一宇宙速度（約7・9㎞／s）未満で射出した場合はどうやっても弾道飛行の後に地表に落下する。が、第一宇宙速度以上、第二宇宙速度未満で水平に打ち出した場合には、理論的にはそこを近地点とする楕円軌道を描くことになる。

詳しい話を知りたい人は力学の本でも宇宙開発の本でも御覧いただければと思うが、地球の外に実際に足を踏み入れることが可能になった、という視点をテクノロジーによって我々が持つことができたということの方にむしろ私の興味はある。

人類が月に到達したということが人間の意識を変えた、と言ったのは誰だったか。

これがＳＦだったら、コロナをまいた宇宙人の目的は、きっと地球の再生ですね……と星マリナさんがおっしゃったひとことが詩的な響きを持っていて美しかったので、時々ふと思い出しては繰り返しその響きを味わっている。

もし私が同じ言葉を発したとしたら、なんだかしらじらしい感じになってしまうのではないかと思う。けれど、マリナさんからこの言葉が語られる、というのは、何とも言えず美しい感じがする。そして、それを味わいたくて、頭の中で反芻《はんすう》してしまうのだ。

人々は毎朝、生まれ変わっている

多くの人が、新型コロナウイルスの流行を機に、さまざまな物事が変わっていくだろう、と言う。経済面ではすでに影響が出始めていて、これがダメ押しの一手となって営業を終了してしまったところもいくつも出ている。

流行が収束しても、完全に元通りというわけにはもちろんいかないだろう。否応なしに、これまで当たり前だと思っていた何かを変えさせられてしまっていくような、地の底から大きなうねりが響いてくるような感覚を、たくさんの人が無意識に覚えているのだろうと思う。

とはいえ、たしかに大きな流行であるから、何らかの変化が起きないわけがないのだけれど、私たちの社会は日々、何事もなくとも、すこしずつ新しくなってもいる。人々は毎朝、生まれ変わっているようなものでもある。

その恒常的に変化し続けている様子と、今回の変化との間には、どの程度の変化量の差があるだろうか、と斜めから見てしまう自分もいる。日本人は悪い出来事を忘れやすいものだから、案外早く、元の状態に近いところまで戻ってしまうんじゃないか、と慎重に考えたい気分もなくはない。東日本大震災が日本をどれだけ変え得ただろうか？　もっと素直に、新しい変化に対して受容的な心の態度を持ちたいものだとは思うのだけれど。

こうやって、私たちの社会は、変わらない部分と変わる部分とがモザイクのように変化していくのだろうか。新しいものや新しいシステムにすこしずつ入れ替わり、すっかり様子が変わってしまうまでどのくらいの時間がかかるのだろうか。人類と感染症との付き合いはずいぶん長く、紀元前８０００年ごろにはもうパンデミックらしきものの痕跡があるというから、この関係性の中で人間の社会進化が促されてきたと考えるのは、むしろその方が自然かもしれない。

再び、人類を含めた地球という系そのものが、より新しい適応的な形にリニューアルされていくのだろう。マリナさんがふとつぶやいたひとことを私なりにいいかえるとこんな感じになるだろうか。

コロナはサイコマジックだ

先日、アレハンドロ・ホドロフスキーが、パリの自宅から、新作『ホドロフスキーのサイコマジック』にまつわるトークをするというのでその配信を視聴した。トークの中で彼は、コロナはサイコマジックなんだ……ということを説いた。

サイコマジックというのはカウンセリングと似て非なるものだ。心の悩みを抱えた人々に、行動やパフォーマンスやスキンシップを与えることで、怒り・トラウマからの解放や精神的な安寧をもたらす。人々を癒やすものであることについてはカウンセリングと同様の意義を持つが、ホドロフスキーはサイコマジックをあくまで芸術だという。

たしかに、『サイコマジック』で観ることのできる施術は、どれも印象的で独特の魅力にあふれ、美しい。これまでに多くの人にサイコマジックを施しているというホドロフスキーの集大成にふさわしいオムニバスである。特定の何かに対する恐怖、不可解な死、家族からの拒絶……これらをホドロフスキーは斬新な方法で解決していく。解決というよりは、わだかまった根の深い感情を昇華させていくと言った方が正しいかもしれない。

ライブ配信の中で語られた、コロナはサイコマジックだという言葉には視聴者の多くが、打たれるような思いをしたのではないか。人の行動を変えていく、自然のサイコマジックだというのである。ソーシャル・サイコマジック。ホドロフスキーは一人ではなく多に対してサイコマジックを行ってきてもいるが、その視点からパンデミックを捉えているということは今更ながら新鮮で、刺激的だと感じた。個別の問題に深く潜っていける人であるのに、全体を系としてとらえて俯瞰《ふかん》で物を見られるという両方を同時に備えていられる。

91歳という年齢になったことを彼は、ここまで来たら勝ったも同然だ、とライブ配信で語っていた。あまりに力強く、存在そのものが発する輝きに、直接会っているのではなくオンラインで視聴しているのに、光に打たれるような、圧倒されるような思いがした。私もまた、彼のサイコマジックにかかっている。

脳は毎夜、夢を見ながら再構成されている。

つまり、世界は、夜ごとに終わり、毎朝生まれ変わっているのだ。あなたの脳内で起こる、その再構成のプロセスの中に、私の記した文字はすこしずつだが確実に組み込まれていく。そのことを想像すると、えもいわれぬ充実感と満足を覚える。

私も、ホドロフスキーと同じようにサイコマジックの使い手でありたい。

グラン・ブルー

私たちの体の中には太古の海がある

スキューバダイビングのライセンスを取ったのが5年前のことだ。すっかりハマってしまい、メキシコにセノーテダイブ（洞窟でのダイビング）をしにも行ったし、エジプトにも紅海の美しい青紫色の海を楽しみに行った。まだまだ行きたい海がたくさんある。日本の海もいいもので、それぞれにあじわいと楽しみがある。

日本の海の最もよい季節は夏ではなく、秋であるといわれる。海の季節は、地上からは2ヵ月遅れる。水の比熱が大きいために、海は温まるのにも冷えるのにも陸よりずっと時間がかかる。台風さえ来なければ、秋の海は水温も高く、気温も丁度よく、豊かで心地よい。素晴らしい海を楽しむことができる。

タンクを背負ってのんびりと海の中を浮遊するスキューバも楽しいけれど、水着一枚で海に入っていくスキンダイビング（深度などを競う競技を指すときはフリーダイビングともいう）もいい。より水を体に感じられるし、うまくいったときにはまるで自分がそのまま海に溶けていくような素晴らしい感覚を味わえる。スキューバはスキューバで深場でより長く安定していられるのがいい。私たちは昔、海からやって来たのだ。海にいると、そのことを全身で感じられるような気がしてくる。

実際、塩分（塩化ナトリウム）濃度が低いことを除けば、私たちの体液の組成は海によく似ている。このことは、中学程度の理科で誰もが学んでいるはずなのだが、多くの人は忘れてしまっているかもしれない。

海の塩分濃度はすこしずつ高くなっているというから、私たちの体の中には今ほど海が塩辛くなかった、太古の海があるのだともいえる。体液程度の浸透圧に調製された、冷えていないスポーツドリンクや生理的食塩水や、経口補水液が意外なほど抵抗なくぬるりと喉を通り抜けていくあの感じは、水に溶けていく感覚を少しだけ思い出させてくれる（余談だが、化学用語では溶液を作製するとき「調整」でなく「調製」という用語を使う。調製粉乳、という用例が一般の人の目に最も触れる用法になるだろうか）。

もっと近いように思われるのは、塩を少しだけ振った、あまり冷やされてもいないし糖度が高すぎもしないスイカの味である。どことなく体になじむようにあまくやさしく感じられるのは、その味が私たちの内部に抱えている海に似ているからかもしれない。

完全な孤独

いずれにせよ、私たちの体は、海のかけらのようなものなのだ。生物はかつて紫外線がもっと強かった時代には陸上に適応することができず、海でその長い長い歴史を紡いできた。酸素を排出する生物が増え、オゾン層が形成されてようやく、陸上に上がってきたが、乾燥した陸上で生存に必要な化学反応を速やかに行うには、水分、すなわち海を体の中に抱えておく必要があった。かくして、私たちは海のかけらとして、海から遠く離れても生きていくことができるようになった。

海を抱えていながらも、私たちは陸に適応している。陸上を移動するための骨格と筋肉、乾燥した大気の中で暮らすのに適した皮膚、そして呼吸器。海に入れば相応の練習をするのでもなければ、とてもではないが水棲哺乳類のように自在に水中を泳ぎ回ることは、普通の人間にとっては難しい。

グラン・ブルーというのは、海に潜降していったときに、ある深度で周囲すべてが青に包まれる、その青の領域のことである。海面からも遠く、海底からも遠く、上下前後左右すべてが深い青になる。方向もわからなくなるような一面の青に囲まれて、誰とも言葉を交わせない、完全な孤独。

けれどもそこははるか昔、私たちがいたかもしれない場所なのだ。体が完全に変わってしまうほどの長い間、離れてはいたけれど、そこへ還ればいつでも温かく迎えてもらえる。何とも言えない懐かしい気持ちになる。ただ、私たちはそこに長いこと、留まることはできない。母なる海からまた遠く離れて、陸の生活へ戻らなければならない。

還りたい気持ちと、生きなければならないという意思との間で、いつもいつも揺れてしまう。ただ、生きなければならない気持ちのほうがまだわずかでも勝っているから、こうして生きていられるわけだけれど。

サイエンス・ディスコミュニケーション

愛している、が伝わらない

書くまでもないが『グラン・ブルー』は伝説のダイバーとして知られるジャック・マイヨールをモデルにした映画のタイトルでもある。

映画の中のジャックは物静かで、どこかいつも寂しそうに微笑む、おとなしい青年として描かれている。幼い頃に母と離別し、父を亡くし、孤独で無口な青年として育った彼が心を通わせることができるのは人ではなくイルカだった……という設定である。事実とは異なるエピソードや演出も、もちろん物語であるから存在するのだが、どことなく人間の社会からは遠い、海の世界により近い精神性を持ったジャックの本質がよく描き出されている作品なのではないかと私には思えてしまう。

もちろん、実際にジャックに会ったことがあるわけではないから、本当のところはわからない。ただ会っていたところで、誰にもそうであるかないかを断言することなどできないだろう。

映画の中では、数少ない友人でありダイバーとしてのライバルでもあるエンゾとのやりとり、そして、恋人として登場するジョアンナとの交情とすれ違いが興味深く描かれている。

特にジョアンナとのくだりは印象的だ。彼女はジャックと惹かれ合い、関係を持つが、女性の扱い方をよく知らないばかりか人間とのやり取りそのものが得意でないジャックは、ジョアンナの心を受け止めきれず、イルカと交流してばかりいる。

イルカと意思疎通ができ（すくなくとも映画ではそのように描かれている）半分海の生き物であるかのようなジャックに対して、ジョアンナは嫉妬の気持ちを抑えきれず、不機嫌な顔を隠そうとしない。子どもを作ればあるいは、という動機からジョアンナは妊娠を試み、目論見通り受胎する。しかしジャックは海への思いで頭がいっぱいで、ジョアンナの心情を理解することができないままでいる……。

互いに互いを愛していて、必要とも感じていて、大切に思っている。それなのに、そのことが伝わらない。伝わらないことが、相手を傷つけてしまう。どちらにも悪意があるわけではない。けれども、自分が心地よくいられる状態を作ろうとすると、それ自体が相手を傷つけ、悲しい思いをさせてしまう。愛していたはずなのに、自然にしているだけで傷つけあってしまう。相手を殺傷しようという気持ちがわくところまで行きつく人もごくわずかとは言えないほど、いる。

科学は人の心を救えないのか

なぜこんなことが起こるのだろう?

もちろんサイエンスで無機質な説明を加えることはいくらでも可能だ。ある程度の対応策も提示することができる。でも、多くの人はそれを求めていない。そんなことをいくら長々とはなしたところで、納得はしない。

特に恋愛感情を伴う愛のやりとりは、科学のメスを入れようとすると大きな反発がある領域でもある。脳内で分泌される化学物質や、該当する脳機能領域の話をして説明しようとすると、一定数の人が、

「それは単に『男の本能』というやつなのでは？」

などと訊いてきたりする。

こちらは、あなたのいうその「男の本能」とやらの中身を説明しようとしているんですがね……。

本能です、と一言、本当にそれだけで納得できる単純な認知構造を持っているなら、そもそも私に訊くのは間違っている。何のために私の答えをわざわざ求めるのか、始めのころは意味がわからなかった。心の中で毒づきながら応対しているうちに気付いた。この人たちは、すでに自分の中に自分の答えを持っているのだ。

それは自我を守る形で感情と結びつき、かなり強固に構築されてしまっていて、それを否定し去ったり解体したりすることは、自我を傷つけることにつながるから、他の答えを受け入れることが容易ではない。それが反発につながってしまう。

ただ彼らは、構築した自分の答えが合っているかどうか、それを私に確かめてほしいだけなのだ。科学など、人の心を救うのには結局何の役にも立たないのか……。

こうして今度は苦い孤独を私が味わわされてしまう。ざらついた孤独はじわじわと感染して人を蝕《むしば》んでいく。こんなときは、海の中で感じる豊かな孤独の世界に戻りたくなる。

ニーバーの祈り

変えるべきものを変える勇気を

生まれか、育ちか、というのは生物分野の研究者たちがしばしば議論の俎上《そじょう》に乗せる定番のネタである。英語では Nature or nurture といって、韻を踏むような語句になっている。

脳については、生まれついての素質と、後天的に形成されていく部分とはどのような関係にあるのか、興味を持つ人もそれなりにいるようで、折に触れて聞かれることがある。結論を言えば、どちらも重要だ、という答えになる。まあ、多くの人は、後天的に出来上がる部分が大きいのだから今から努力すれば十分賢くなれますよ、という言葉を聞きたいだけなのだろうけれど。

わざわざ、もう何をしても無駄です、と言って落胆させても意味がないので、できるだけマイルドには語ろうと心掛けてはいるが、別にだからといって、どちらも重要だ、というその答えがウソであるわけではない。

20世紀のアメリカの神学者、ニーバーの「静穏の祈り」という祈りの言葉の一部に、次のようなフレーズがある。

神よ、変えることのできないものを静穏に受け入れる力を与えてください。
変えるべきものを変える勇気を、
そして、変えられないものと変えるべきものを区別する賢さを与えてください。

これはアルコール依存症を克服するための組織などで採用されている詩句であり、基本的にはクリスチャンのものであるが、信仰は問わず、脳科学に救いを求めてさまよう人々に対しても力を与える言葉であるように思う。

これから述べるのは、自分では変えられない親とどう向き合うかについての話である。

毒親という言葉をよく耳にする。自分もこのテーマで本を書いたことがあるし、メディアでも定期的に話題になる。自分は毒親なのかもしれない、と思っている人、もしくは、毒親に育てられた、という人は少なくない。何人かで集まった時、毒親というキーワードを出せば、かならずその場にいる誰か一人は、自分の身に起こった出来事を聞いてほしい、という表情になり、こちらが聞く姿勢を取ると、実は私もね……と話が始まる。

親子のコミュニケーションがうまくいかない人、逆に不自然なほど過剰にうまくいっているとアピールする人の双方がいる。

この世に「健全」な親子なんているのだろうか？　疑問に感じられてくるほどだ。どれほど年齢を重ねたとしても、当の親自身がすでに物故していたとしても、親子の関係というのはこれほどに人間に深く影を落とすものかと、毎回そんな話を聞くたびに、考え込まされてしまう。

親子の問題は他人が立ち入るものではない

ところで、私の両親はどうだったのか。それこそが気になる、という人もいるだろう。

私も主観のままに書きたい気もする。が、「自分は自分のごく個人的な人間関係の問題についてこう思った」というだけの、不細工な本を世に出すというのはどうにも気が引けてしまうのだ。そういうものは、無料のウェブ記事に腐るほどある。表現手段の多い現代では、わざわざ本にする必要のない、ブログやつぶやきレベルで十分の内容だろう。

エッセイというていがふさわしい書籍ではあるから、本書では主観を交えながら書いたところもありはする。が、原則として親子の問題は、他人が立ち入るような問題ではないと私は思う。水族館の水槽の外から観察していてもらうくらいのことは構わないが、それ以上のアドバイスは求めない。不要である、という以上に不快だ。

そういっても大上段に構えて何か言ってくる人がいるかもしれないから、もうすこし強めに申し述べておこう。

アドバイスを不用意に投げかけてきた、ということは、つまり、こういうことではないのだろうか。あなたは、「『あなたが3秒くらい考えただけの思い付き程度のアドバイス』を、これまで何十年も思いつかなかったような低能」だと、私のことを思っている、ということにはなるまいか？　もしそうではなく、私が経験と思慮に欠けていて、実態としてあなたの智慧を必要としている状態にあるのを見るに見かねて、ということなら、謝罪をしなければならない。

ともあれ、客観的に見て毒親かどうかというのは意味をなさない問いなのだ。いかに第三者から見て毒親のようであっても、当人がその親を愛していて、親も当人のことをその親なりに愛しているのなら、当人である私以外の人間に判断する権利はないということをあらかじめ強く言っておきたい。もちろん、両親が「自分たちは毒親ではない」と主張するのもおかしいのだけれど。

なぜなら、毒親というのは、親子の関係の問題であるからだ。親子は対等ではない。この歪《いびつ》な親子関係は、我々人間が親から生まれ、親の庇護のもとに十数年を過ごさなければ独り立ちすることが困難であるという事情を持っている極めて異様な生物であるために生じる。私たちの親子関係は、非対称なパワーバランスの上にある。

まあ、人事部長と派遣社員の差以上には、立場の差があるといえばイメージしやすい人もいるだろうか？　会社ならば退職や休職もやろうと思えばできるだろうが、親子は24時間、365日、生涯死ぬまでその関係が続くのである。

こうした構造がある以上、親の主張は全面的に信頼できる基準としては採用できない。無論、子がウソをつく場合もあるし、どちらも本当のことを言わない場合もある。第三者が介入するにはかなりしんどい。

多くの人が毒親について誰かに話を聞いてほしい、と感じるのは、親に対して抱く憎しみや恨みといった強い負の感情の裏に、愛してほしかった、という感情を抱いているからではないかと思う。毒親というのは、子から見た主観的な親との関係性にもとづく、親の姿のことをいうのだと捉えるのが自然だ。

子が「毒親育ち」の苦しみからいつまでも逃れられないのは、自分が本当は親を許したいと思っていて、そうすることができない愛情と憎しみの呪縛の中で、関係をこじらせてしまっているからではないかと思う。

「毒親」とはどういう存在なのか

「毒親」というテーマにずっと関心があった。かつて、このテーマで本をまとめあげるなかで考えてきたことだが、動物界に目を転じれば、子離れ親離れはよほどのことがない限り、粛々と行われる。たとえば哺乳類は卵生の動物などに比べると、子どもが自立するまで長い時間がかかり、親子のコミュニケーションの密度が濃いという特徴はたしかにある。しかし、生体に備え付けのタイマーでもあるかのように、子離れ親離れを親子双方から、自然な形で行っていく。

そのなかで、人間だけが、なぜか親子関係をこじらせてしまう。これは一体なぜなのか。

今に始まったことではない。人類の歴史にはずっと親子の問題がつきまとっている。ローマ皇帝ネロとその母アグリッピナの関係はすさまじい。アグリッピナはネロを異様なほど溺愛《できあい》し、その帰結としてなのか、未だその心の裡《うち》はわからないが、ネロはアグリッピナを殺害した。さらにさかのぼってギリシア悲劇にも、親子関係のゆがみについて言及したあまりに有名な典型として使われるオイディプスの悲劇が登場する。もうかれこれ数千年は、人間は毒親問題に苦しんでいるのだ。

子との関係をこじらせている親もまた、かつては子であった。こじらせた子もまた、いつかは親になるかもしれない。こうした形で現在まで連綿と続く親子の系譜の中に私たちも存在している。

虐待されて育った人物が残虐な指導者に成長したりといった例もある親子関係のきしみが見えない心の癖となって、人格や行動のパターンを形作る可能性を考えるとき、これを単なる家庭内の問題として片づけることは適切でなく、より広い視点で捉えていくべき重要な課題のように思われてくる。

そもそも「毒親」とはどういう存在なのか。

毒親という種類の親がいるように多くの人は考えているだろう。私はああはならない、と映画『ＭＯＴＨＥＲ』を観て感じる人も少なくないと思う。金銭、性的関係、生活態度のすべてがだらしなく、自分の欲や感情の赴くままに、子どもの思いを踏みにじり、子どもの存在を徹底的に利用する……こうした母親の姿が描かれていく。

しかしながら本質的な問題はそこではない。毒親とは、親子の関係性を子どもの側からどう捉えるかの問題なのであって、第三者が入り込むことは難しい。それほど、親子の関係というのは謎に満ちていて、深く、密であり、解決が困難なものなのだ。私は映画の最後に主人公の少年が発する一言を聞いて、いきなり全身が冷たい水で覆われたような衝撃を受けた。

幼い子どもは、親が世界のすべてであるかのように認識している。主人公の母親は「あたしが生んだんだよ、どんなふうに育てようが、あたしの勝手だろう」と、何度も啖呵《たんか》を切る。そしてこの母親は、子の世界に他人が入り込まないように、あの手この手で排除と誘導を繰り返していく。学校にも満足にいかせてもらえず、他者と接する機会を持てば、片っ端からその関係性の芽を摘み取られていく。

主人公は最後まで母親の手から逃れられない。これは実話をもとにした映画であるのだが、一般的にはどうだろうか。こうした「毒親育ち」の子には、成人したあとも、親（主たる養育者）以外の人との関係がうまくいかないという生きづらさが残ってしまうことが多くの研究者によって指摘されているが、これは不幸なのか、幸福なのか、第三者にはやはり判断はむずかしい。

毒親の試練はどんな意味があったのか

子はごく幼いころに親（主たる養育者）との関係を通して「内的作業モデル」、簡単に言うと、他者とかかわるとき無意識に使われるテンプレートを身につける。周りから受容されて育った子は、自分が困ったら相手にこう伝えれば伝わるのだと相手に信頼を置いて行うコミュニケーションスタイルを学習できる。ところが、これを学習する機会に恵まれない子もたくさんいるのだ。

拒絶されて育った子は、本当に必要なものがあっても言わずに黙ってしまう。泣き叫ばなければ要求に応えてもらえなかった子は、ちょっとでも困ったことがあると感情的になり、必要以上に激しく主張し、周りからおそれられたり敬遠されたりしてしまう。信頼を置いて行うコミュニケーションを学ぶことができなかった場合、親以外の相手、例えば友人、恋人、パートナーなどに対しても、過剰な遠慮や回避、そして過激な応答をしてしまう傾向ができあがってしまう。

親子関係のきしみが自分の見えない癖となって刻まれ、人格や行動のパターンを形作ってしまうのかと思うと、いたたまれなくなり、ますます親を責めたくなる気持ちが募る人もいるかもしれない。つらかった出来事を、なかったことにすることもできない。

過去に起きた事実はもはや変更できるものではない。ただし、事実の解釈を変更することは可能性として残された部分だ。「あの人のせいで今の自分の不幸がある」と、死ぬまで恨み辛みを背負うのも生き方の一つだが、この試練は自分にとってどんな意味があったのか、という視点は感情の解決をつけるための手掛かりとなり得るものだろう。

コミュニケーションのひな型は、幼いころに形作られるとはいえ、経験を重ねるなかで意識すれば変えていけるものでもある。親との関係で規定されてしまったかのような思考と反応の癖も、その後の人間関係によって変わることがある。

安定した相手との間で、信頼関係を築くことができれば、不安定だった人も時間をかけてだんだん安定してくる。親のことを許し難いと思っていても、それはそれでいいのだ。自立した大人同士の、信頼できる関係を築ける人と一緒にこれからのいい人生をすごそうと決め、そうやって生きていくことは十分に可能なことだ。

毒親を叩きのめせば幸せになれるのか。そうではない。自分をどれだけ大事にできるか、そのやり方を大人になってからでも学ぶべきなのだ。信頼できる相手との関係を少しずつでも築き、できなかった安定したコミュニケーションをできるように、自分を育てていくのは自分なのだ。

第三の生き方

セクハラなんて腐るほどあった

あたかも「名誉男性」であるかのように、自分の努力と才能とを男性原理社会の中であっても認めてもらえるよう、命を削るようにして必死で頑張る女性がたくさんいる。が、やっぱり女は違う扱いをされるのだなと、これまで、痛いほど思い知らされてきた。

たとえば鉄門（東京大学医学部医学科）には、女性の教授が当時からいなかった。いわば男性たちの〝聖域〟のようなものだ。

大学院でも、優秀な女性研究者がどれだけ論文を書いても、必ず下に見られるか、無意識に無視される。『ピーターラビット』を著したビアトリクス・ポターは、地衣類が菌類と藻類の共生であることをつきとめて、リンネ学会で発表したが、黙殺された。優れた業績であり、彼女が男であったなら認められたはずの論文だったが……。

１００年後、リンネ学会は性差別があったと公式に謝罪した。

21世紀の現在ですら、あの人は女を捨てているよねとか、あの教授とどこそこで夜一緒にいるところを見たとか、高い下駄履かされやがってとか言われるのを見て、心底うんざりした。実力があっても、成果を上げてもじゃあ子どもは産んだのか、だったり、旦那さんはどんな人？　なんていうことを聞かれる。男性研究者がそんなことを言われるだろうか？

セクハラなんて腐るほどあった。例えば先生から抱きつかれて、「やめてくださいよ」と邪険にすると、評価が下がって奨学金を受けるのに不利になるなんていうことはもうありふれ過ぎていて告発すらされなかった。抱きつかれた時の賢い対処法は、「先生も疲れているんですね」などといってやんわりと腕をほどいてなだめる、というような方向になる。

女性に向ける目が、教授たちからして昭和なのだ。最先端のアカデミズムの中にいるはずの人たちが。

こんなところで論文を書いて出世しても……という気持ちにならないほうが、おかしくないだろうか。21世紀になってもこれなら、私の生きているうちにはもう変わらないのではないかと失望した。謝罪があるとしても、また100年待たねばならないのか。アカデミズムの世界で生きていこうという気はどんどんなくなっていった。どこでも浮いてしまった私だが、ここも私にはちょっと無理なのかもしれないな、と暗い気持ちが募った。

博士号を取って、フランスのニューロスピンで研究員になったはいいけれど、ポスドク（ポストドクトラルフェロー、日本語では、博士研究員）というのは任期が切れたら、次の就職先を考えないといけない。この先こんなことを何回繰り返せばいいのか、もっと頑張りを評価されてもいいんじゃないかという思いもあった。報酬が安すぎる上に、安定的でもない。

任期が切れるときにフランスでの次の就職先は見つけたけれど、一時帰国した時に今の夫と出会い、もう頑張らなくていいや、特に仕事にこだわらなければ何とか生きてはいけるだろうしなという考えにシフトした。男性原理の中でキャリアアップしなきゃと格闘していたのが馬鹿らしくなったのだ。

それで、日本に戻ってきて結婚した。詳細については別項で書こう。

ポスドクはパートタイムジョブで、例えばスーパーでレジ打ちするのと変わらないとも思った。ただ、私たち二人ともそんなに体が頑健なほうではなかったこともあり、もう少し体力的に見合う仕事を、ということで文章を書くようになった。本を出すと、すぐにテレビ番組からオファーがあった。そのままテレビの仕事をつづけ、今に至る。

真面目な話、アカデミズムの資産を一般に還元する仕事は誰かがやらなくてはならない、と思ってはいた。ほとんどの場合、日本の大学に在籍している研究者は、主として税金を元手に研究活動をしている。一方でその成果は広く知られていないことも多く、実用的な技術として使われているかといえば必ずしもそうではない。科学技術立国、とずいぶん前に誇らしげにスローガンを掲げていた割には、残念ながら一般の人はウイルスと菌の違いもあまりわかっていないような感じだ。

アカデミズムは時代遅れの男性原理の象徴

ただ、葛藤はあった。アカデミズムの中にずっといると、論文を書くことだけが正義で、一般向けにわかりやすく物を書く、なんていうことは、どぎつい言い方をすれば、象牙の塔で暮らす先生方からはポルノみたいな扱いをされてしまうのだ。メディアに出るのももちろん、同じ扱いである。あいつは悪魔に魂を売った、と後ろ指をさされる。

冷静に考えれば、不思議な現象だ。

むしろ教授陣に文字通り性を売りながら論文を書く方が普通にポルノだと思うけれど、昭和をひきずるアカデミックの基準では、そうではない。メディアに出る人に向けられる視線はさらに厳しいかもしれない。大衆向けの商業主義に加担するとは何事か、と眉を顰《ひそ》める先生方が今でもかなりの割合でいらっしゃることだろう。

けれど、「大衆向けの商業主義に加担してはならない合理的な理由」とは何だろう。先生たちに都合のいい考え方をすれば、私にも思いつくのだろうか？　「産学連携」と銘打って、多額の税金を投入し、建物を建ててセンターまで作って、ご自身たちは「商業主義に加担する試み」をおやりになっているようなのだが……。

あまりこういうことをあからさまに書くのは気がひけるが、ご自身が出たいところであるのに、ヒヨコ以下の私が出ているというのが気に食わないのかもしれない、という風に考えるのでもなければ、彼らの内の幾分かの人々が強い情動をもって、メリットのほとんどない行動をしていることの説明がつかない。科学の誤った理解を助長するのがけしからん、というなら、ご自身がもっと教育・啓蒙活動をすればいいだけではないかと思うが、「そんな時間はない」ようなのだ。つまり、優先順位は低いということになる。

それならば、私のことなど放っておけばいいようなものだが、情動の強さや攻撃の激しさを考えると、そうでもない、らしい。どっちなのかはっきりしてほしいが、矛盾を普通に指摘してしまうと、人によってはますます血圧が上がって、不慮の事故に遭ったり、死んでしまったりするかもしれない。だからここに書くだけにしておく。

別に私からは、先生方がテレビに出ても、商業主義に加担した、資本主義の手先、などと古臭いコミュニストみたいなことを言ったりはしない。積極的に、お出になればいいと思う。ただ、論文をどれほど書いていても、スタッフを自分の部下であるかのように扱ったために、コミュニケーションがうまくとれなくなってしまったり、説明の仕方が高尚過ぎていまいち伝わりにくかったりするようであれば、すぐに呼ばれなくなってしまう、そんな世界に、ナイーブな先生方は耐えられないかもしれない。

ともあれ、いつしかアカデミズムの世界は、単なる時代遅れの男性原理の象徴としか感じられなくなってしまった。もちろん、いまだ誠実に奮闘している人もいると思うし、全員を否定するつもりは毛頭ない。けれど、私自身は、生まれついての性別で、既にハンディキャップを持っている状態だ。

そんなもの跳ね返せ？　いやいや、わざわざそんなアウェイの競技場で、一体何のために必死になってプレイする必要があるというのか？　給料も言うほどよくはなく、出世すればするほど女の魅力に乏しいねと揶揄される。自分の意地のため？　そんなくだらないもののために、時間とコストをかけて戦うなんて、どう考えてもバカバカしい。

世間の成功と人生の満足度は違う

時間は、ただの時の流れではなくて、寿命の一部である。一部とはいえ、こんな闘争に、命を懸けて取り組む価値など、欠片《かけら》もない。過去のよく知りもしない人が勝手に作り上げてきた男性原理を覆すなんていうことのために、自分の、有限でしかない時間を、惜しみなく注ぐ気になど到底なれない。

そのうえ、たとえアウェイで勝ったとしても、そのインセンティブはたかが知れている。そこで業績をあげ、「勝負に勝った」としよう。その結果得られるものの乏しさときたら、むなしいものだ。女のくせによく頑張りましたね、と男性から苦々しげにまばらな拍手を送られるだけ。一般の理解を得られる可能性はほぼない。

たいていの男性研究者が取れないノーベル賞を、2度も受賞したキュリー夫人ですら、「妻として、女としてはどうだったのか」などという記事が今でも出てきたりする。剰え、業績でなく容姿で評価されたりもする。受賞から100年以上たった今ですら、女としてはどうか、などと言われるのである。

いずれにしても、その苦闘とその成果がそのまま受け入れられることはない。つまり、勝負を受けて立ってもそれに勝っても、アウェイはアウェイなのだ。勝ったところで、後続の女性陣に対して「あなたたちも頑張れば名誉男性になれるのよ」といわんばかりの姿を恣意的に強調され、その努力を搾取して成立している男性原理のプロパガンダとして、いいように使われるのがオチだろう。

驚くべきことに、「こんなに活躍されて、ご主人はかわいそうですね」と面と向かって私に言ってくる男性がまだいる。この人の話は面白いので何度でも口にしてしまうし、どこにでも書いてしまう。実名をさらされたらいやだろうからそれは礼を重んじて黙っておくが、〝ご主人〟の珍しい性格を知りも調べもしないような人がよくいうな、と思う。この方は妻が自分よりも不出来でなければたちまち自信喪失してイライラし始めるような「かわいそうなご主人」なのだろう。自分の不幸の原因に自ら気づくことができないのは、それ自体が不幸なことだ。

女は若いうちしか売れないよと呪いのように言われ続け、自分の価値がどんどん下がるという価値観を埋め込まれて育ってくる。私は異質ではあったけれど、それでも、そうだ。そんな中で、本当に自分のやり方で大丈夫なのか、自分より以前には誰も歩いたことのないような、この細い暗い道を行って、のたれ死なないかなという気になったこともないではない。

だが、もはや世間から見た成功と人生の満足度とは違うと、自らの満足度の方に重きを置く生き方を模索できる時代に今はなってきている。女性は、「モテ」を狙うか、男性原理の中でキャリアアップを狙うかの二択しかないように思わされて育ってくるが、「第三の道」を私は選びたいと思っている。

第三の生き方を選ぼうとひとたび決めれば、かなりのことが楽に捌《さば》けるようになる。自分の中の基準に自信を持つことが難しかった学生時代より、中年になってからの方がずっと私は心地よい。

他の、キャリアを持った／持とうとしている女子たちにも、もう男性が決めたヒエラルキーの中、アウェイのフィールドでの勝ちを目指すのは無意味だと、気づき始めた人が出てきているのではないだろうか。

彼女たちに私は、エールを送りたいと思う。

2章　脳と人間について思うこと
——災害と日本　2010～2019

「知能指数の高い人」より、
「新しい世界を見せてくれる人」が好きだ。

メディアのひとびと

『ホンマでっか!?TV』の洗礼

テレビという世界に足を踏み入れてから今に至るまで、まだまだ慣れる気がしない。いつ行っても、相変わらず自分にとっては新鮮で刺激的な場だ。

初めての地上波での出演は『ホンマでっか!?TV』（フジテレビ系）だった。出演したどの番組も、自分にとっては大切な学びの場であったけれど、この番組の出演者、スタッフの皆さんから教えていただいたことはひとかたならぬものがあり、番組名はいつも感謝とともに想起される。

コミュニケーション能力が人よりも格段に低く、空気が読めず、間の悪い私を、どうにかして面白く料理しようと、あの手この手で妙手を繰り出してくる芸人さん、タレントの皆さん。彼らの能力の100分の1でも身に付けることができたら、これは生きる上で強力な武器になるな、と毎回、大学の講義を受けに行くような気持ちで収録に参加している。

講義名をつけるとしたら「コミュニケーション演習」とでもいったところか。私は落ちこぼれの部類だけれど、当代随一の言語運用スキルを惜しみなく披露する人たちと同じ空間に入り、間近で実践的な演習をさせていただけるとはなんと贅沢なことだろうか。自分は本当に幸運に恵まれていると、ありがたく思わずにはいられない。

とはいえ初めての出演の時には、なかなかいいところを見せられず、私は話も冗長で、人にものを伝えるということはこんなに難しいのかと大きなショックを受けたものだった。今でもなかなかうまくはできないし、もともと話は下手だということはわかってはいたのだが、当時は改めて自分の下手さ加減を思い知ってしまって、もはや笑うしかないような状態であったのだ。

明石家さんまさんは、意外に感じる人もいるかもしれないが、実は極めて忍耐強い人で、私のような（おそらく料理の難しい）食材であっても、なんとか美味しく視聴者に食べてもらえるよう、粘り強く工夫を重ねてくださるような人である。何十年も第一線で活躍し続けるというのはこういうことなのか、といつも仰ぎ見るような思いがする。プロ意識という言葉は、さんまさんのこうした部分を言い表すのにぴったりの言葉ではないかと思う。

ブラックマヨネーズの小杉竜一さんは、間髪入れずに何でもない一言を一瞬で面白くしてしまう名人で、最初の出演以来どれほど助けていただいたことか、数えきれない。間の取り方が巧みな人で、絶対音感にあたるようなコミュニケーションにおけるリズム感覚があるとしたら、そうした天性のものを持っている人なのだと思う。とてもうらやましい。

そしてマツコ・デラックスさんを忘れてはならない。私が言及するまでもなく、マツコさんの言語感覚は超越的なものだ。カミソリほどの薄さのスキマの、ここしかない、というところに絶妙に斬り込んで、見事に難しい素材をさばいてしまう。とても本質の優しい人で、いつも誰かに愛あるイジりを仕掛けるために、何とかその人の「イジれるところ」を見つけようと、じっと相手を観察している。観察力の深さと鋭さはもはや神がかり的だ。

こうやって出演者の人々を思い描いてみても、その姿と比べてどれほど私が下手であるかがよくわかるというものだ。この文章ひとつとってもうまくイジり気味に面白おかしくテンポよく書くことができればいいのだけれど、私はただただ、その人の持つ凄いところを、素朴に見上げて賛美することしかできない。

テレビはトレーニングステーション

中学生の頃に私は「もっとテレビを観たらどうか」と、先生に窘《たしな》められたことがある。

先生は、私があまりにもコミュニケーションが下手なので、心配になったのだろう。ごくわずかの限られた相手としか交流せず、仲間という概念とは無縁で、ずっと一人でいても平然としている。やたらと成績だけはいいが、話しかければマッドサイエンティストのようなことばかり言う。そんな私の姿に、社会不適合者のにおいを感じて、この子は犯罪者になったりはしないだろうか、そうでなくとも社会に出てやっていけなくなるんじゃないだろうか、などと不安を覚えたのではないか。

ともかく、それから約20年を経て私は、当時の先生の指摘は正しかったのだということを、身をもって実感したのだった。

テレビは言語の運用能力をアップさせるための、トレーニングステーションのようなものだ。

人間は、社会的生物である。言語の運用能力が高ければ、この社会的生物たる人間がもっとも悩み、苦しめられているであろう、人間関係における課題をより多く解決できるだろう。「あなたはどこに行っても生きていけそうだね」という言い回しがあるけれど、これは言語の運用能力の高い人に対して向けられる言葉ではないだろうか。

言葉のマジックを自在に使いこなすことで、現代社会ならば、かなり多くの場合に課題が解決できてしまう。言葉の使いこなし方ひとつで、相手のうちの大多数は、自分に惚れ、きっと味方になってくれることだろう。

言葉の魔力

言いたいことをうまく伝えられない

そもそも、なぜ人はこれほど人間関係に悩むのか。繰り返しになるが、やはり人間が社会的生物だから、というのがひとつの答えにはなるだろう。

ただ、観察している限り、多くの人が人間関係の問題だとしている根底には、「言いたいことをうまく伝えられない」ことが原因の多くとして横たわっているように思う。

言いたいことを伝える、というのは別に、人生を賭けた主義主張を発信する、だとか、自分の生きる目的を広く人々に開示する、だとかいったような大層なものではない。たとえば、自分は早く帰りたいのに上司が帰らないから居残っている、とか、やりたくない上に明らかに無駄な仕事をやらされて、手柄はいつも誰かに横取りされてしまう、といったようなときに、適切なタイミングで自らの不満や、仕組みを改善するための効果的な意見をいえるかどうか、ということだ。

下手な言い方だとこんな風になるかもしれない。

「どうしてわたしにばかり難しい案件を振るのですか？」

「手柄はいつも先輩のものですよね」

そんなひとことを、躊躇《ちゅうちょ》なく言える人もいるだろう。こうした人たちは、不満を表明するのに淡々と、相手にそのまま伝えることができるから、自分の周りの人間関係についてストレスや悩みを抱えてしまうことにはなりにくいものだ。

一方で、空気を読みすぎたり、相手に気を遣いすぎてしまったりするあまりに、そんなことは言えるわけがないという人は多い。ちょっとしたことでも、ダイレクトに伝えると状況がより難しくなることもあるし、自分にカウンターパンチが来てしまうこともある。かといって我慢していればストレスは溜まるばかりだろう。

職場でありそうな事案を例にしてみたが、家庭内でもこうしたことはしばしば起こるだろう。共働き世帯なのに、ゲームばかりしていて家事をしようとしない夫、育児を「手伝う」のがイクメンだとばかりに気が向いたときだけ子どもと遊ぶ父親、自分の時はこうだったけどあなたは……、と事あるごとに駄目出ししてくる姑、親をバカにしてくる子ども、言葉尻を捉えてマウンティングしてくるママ友……。

不本意にも攻撃を受けてしまったとき、相手の気持ちがわかったり、相手を尊重して空気を読みすぎてしまったりする人ほど、深く傷ついてしまうものだ。うまいかわし方や逃げ方をどこかで教えてもらえればいいのだが、学校でも教えることはないし、そんな教室はどこにもない。八方ふさがりのように感じて、自分を責める。そうして、より悩みを深くしてしまったりする。

攻撃されたときの身のかわし方

こんな人こそ、自分を守る武器として、言語運用スキルを磨くべきなのだ。

攻撃されるのは自分が弱いからだとか、自分が空気が読めないからだとか、自分の能力が足りないからだとか、いろいろ理由をつけて攻撃される自分が悪いのだと、そんな風に思い込んでいる人が多いのだが、そんなことは誰かが誰かを攻撃していい理由にはまったくならない。「自分」を「第三者」とか「誰か」に置き換えてみれば自明だろう。弱いからあいつは殴られても当然だ、などという人がいたら、明らかに殴る側の方がおかしい。

攻撃されるのは、自分の能力とか性格とかそういったものとは無関係で、ただただ誰かを攻撃したい、ちょっとおかしな人が存在しているだけだ。そして、あなたはどこにも悪いところはなく、ただかわし方を知らないだけなのだ。

言語スキルを高めることで、人間関係の諸問題をいい方向にもっていくことは十分に可能である。別にあなたの性格が悪いわけでも、能力が低いわけでもなく、ましてや運命や宿命などでもなく、ただ言語運用能力の不足であり、スキルが足りないというだけのことだ。

スキルは今からでも何歳からでもトレーニングすれば身に付けることができる。時と場所に応じた言語スキルを持っていないだけで、割を食わされてしまっている自分を悲しく思うなら、失敗したところでどうせ状況はさほどよくはないのだろうから、ダメ元で少しでもトライしてみればいい。

この世界で社会人として生きていくには、こうした言語の運用スキルが極めて重要だ。人間力、とよく言われるが、外側から見えるものはほとんどすべてが言葉である。英語をうまく話せるようにと早期に学習を始めさせる人もいるけれど、たとえどれだけ英単語や英文法を覚えても、言語スキルがなければ適切な主張もできないうえに、好きな相手を助けることもできない。外国語を流暢《りゅうちょう》に話せても、愛されるコミュニケーションを取ることは難しいだろう。

役に立つのは、攻撃されたときのとっさの身のかわし方だ。笑いに変えて両者が傷つかないよう緊張を昇華する方法、平然と受け流すふりをしてチクリと刺すやり方、正面からより大きなカウンターを繰り出すやり方など、いろいろとバリエーションがある。たとえば、相手に侮辱されたときにどう切り返すのか。どのように相手の論理の穴を見つけて突いていくのか。

難しく考える必要はない。テレビで活躍している芸人、タレントの方々の言葉の運用は実に巧みで、明日からすぐ使えそうなものもたくさん開示されている。

私はうまくできるほうではないが、番組には本当に多くの人が出演している。聞き上手に見せておいて巧みな言葉回しでその場をがっちりと支配するＭＣ、きらりと光るような言葉を使いこなすタレント、絶妙の間合いで会話を切り返す芸人。気に入った番組をみつけて丹念に分析し、真似して脳内でもトレーニングしてみればいい。ロールプレイングはかなり役に立つはずだ。

ユーモアも素晴らしい武器

こんな攻撃をされたとき、あの人なら、どう返すのだろう？　と考えて答えを用意しておくだけでも、ずいぶん力になるだろう。これまで苦手だった人も、トレーニングの相手としてありがたい存在に思えてくるようになるだろう。

日本の学校では、書き言葉についてはかなりの時間をかけて学ぶのだが、音声言語のトレーニングはあまり行われない。日本人にとってディスカッションは鬼門のようなのだが、これを苦手とする人が多いのは、そもそも若いころからトレーニングをしていないからだろう。まあ本格的なディスカッションの技術はさほど必要ないにしても、日常生活や仕事において、ちょっと降りかかった火の粉を払う程度の場面であれば、バラエティ番組から十分学べる。

また『ホンマでっか!?TV』の話になってしまうが、かつて、タレントの指原莉乃さんが出演された回の収録でご一緒したことがあった。彼女はやっぱり言語の運用能力に非凡なものがあって、鳥肌が立つような思いがした。

ファンとの交際騒動など、覚えている人はもはやいないかもしれない。収録の場で、ある出演者から「好みのタイプは?」と聞かれて、彼女はなんと答えたか。普通の人なら返答に困ってしまう場面かもしれない。しかし、指原さんはにやりと笑って、すかさず、

「秘密を守る人」

と答えたのだ。

ああ、この人はこの先、きっと大きく支持されていくだろう、と思った。そして、どちらかといえば崖っぷちの状態にあると思われていた当時の状況をあっという間に覆し、瞬く間にトップクラスの人気スターになっていったのだ。

切り返しの鋭さとともに、ユーモアも素晴らしい武器になる。相手の警戒心を解き、まわりにホッとしてもらうことで、たとえ悪感情を持たれていても一瞬で逆転さ

せることができる。

もっと若いうちから、先生の言うことを聞いて、テレビを観ておけばよかった、といまは悔しく思うほどだ。切り返し方やとっさのひとことが本当に上手な人がたくさん出演している素晴らしい教科書なのだから。しかも、デバイスさえあれば、民放の地上波なら無料で観ることができる……。

搾取されそうになったとき、言葉こそが身を守る武器となる。社会不適合者のようであった自分が、なんとか生きていけるようになったのは、テレビで活躍する多くの人たちから、直接間接に学ばせていただいたおかげでもある。私は、テレビにとても感謝している。

モザイクとキメラ

キメラでない人など、どこにもいない

人は、自分がこういう人間だ、と認知の中に像を結んでしまうと、それを変えることがなかなかできない。状況が変わって、違和感を覚えたり、不本意で居心地悪くな

っても、その姿を最後まで貫こうとしたり、無理してでも貫き通したほうが美しいと感じたりする。

母親だから頑張らなくちゃ、だとか、男子たるもの、涙を見せるべきではない、だとか。自らの立場をひとたび明確にし、それにコミットしてしまうと、途中で変更することにストレスを感じてしまうのだ。

これを、人の心理における、一貫性の原理、という。

何か自分で決めたことを最後まで貫くことができないと、自分を情けない、醜い存在だとみなすようになってしまう。もしかしたらある程度の年齢以上の人なら周りにそういう人がいるかもしれないが、特定の思想の持ち主だった人が「転向」すると、必要以上に反動が起きたり過剰に自虐的になったりする。

なぜ人間にそんな性質があるのだろう？　一貫性がないと困る、という一見不必要な制約が、脳に備え付けられているのだとしたら、それはどんな目的のためなのだろう？　この答えは、残念ながら脳科学的にもまだクリアにはなっていない。

私は、自分の思考がモザイク状、もっといえばキメラ状（異なる遺伝情報が混ざった状態）にできているのを感じることがしばしばある。一貫性を持たせることは難しく、意外かもしれないが、これは自然にできることではないのだ。

よく観察してみれば、キメラでない人など、本当はどこにもいない。けれど、ほとんどの人は少なくとも自分で見える範囲内だけは滑らかに化粧して、驚くほど能天気に、自分は一意に定まるもの、と信じ切っている。心地よく日々を過ごしていくためには、そこを忘れ去り、無視できるという能力も重要なものなのだろう。

ポジティブ心理学が嫌いな理由

もっと下世話な書き方をした方が、わかりやすいだろうか。

たとえば、自分が好きになってそれなりの努力をして結婚できた妻がいて、今でも満足していて愛しているのに、シチュエーションが変わっただけで、まったく別の女性にあっさり誘惑されてしまうとか。

そうして、この人は一貫性を保持できていない、と世間に認知されるとどうなるか。言うまでもなく、バッシングが始まってしまう。

実にありふれていてどこにでもあるつまらない話だから、本当は不倫の話など書くのもうんざりなのだが、周囲を見渡してみれば、こうした「ブレる気持ち」を持ったことのない人の方が、むしろ少数派なのではないだろうか。私が夫のことをメディアでのろけ気味に語るたびに、結婚して10年もたつのに、珍しいですね、といわれるのだから、きっとそうなのだろうと思っている。

あるべき姿でない、というだけで、いかがなものか、といつでも言いたがっている正義中毒者たちにとっては、いかにもおあつらえむきのおいしい獲物になってしまう。格好の娯楽の対象になってしまうわけだ。誰かが何かをやらかすことを、いつも心待ちにしていて、いったんそういう人が出てくると、2～3ヵ月はそのネタを心ゆくまで愉しもうとする。

あなた方はもしや、アマゾンの飢えた肉食魚なのではあるまいか。

私は、ポジティブ心理学というものが嫌いだ。好き嫌いで学問を評価すべきでないことは承知しているが、人間のあるべき姿を理想的に描き過ぎているように思う。事実を観察する前に臆断すべきではない。

また、ポジティブであることを必要以上に強要されてしまう感じも苦手だ。人間が自然なネガティブさを持っていることを許さない、というような、どこか禍々《まがまが》しい明るさに、私はむしろ胡散臭《うさんくさ》さを感じてしまう。

こうした「正しい」パラダイムの中では、常に正しい選択肢を選ばなければならない。誤った選択肢を一度でも選べば、激しい攻撃にさらされてしまう。冷静な見方ができる人は、残念ながら少ない。

特に私たち日本人は他国で生まれ育った人に比べて、定時性の中で生きなければならないという環境圧力に対して敏感であり、きちんとしていなければならない、という呪いをかけられながら生きている。

ルールに従うことは、選択の自由を放棄していることと同じだともいえる。ルールというのは、便利な側面もあるが、むやみに濫用すれば、人々は思考停止させられてしまう。いかなる返答をするのも自由、ときれいごとでは言われながら、やはりテンプレートに従い、社会の理解の枠組みに合わせて答えなければならない。

思考停止しやすい人々の生きる国は、どんな形をしているか。メディアに出るということが、その観察を可能にしてくれる。カメラの向こう側に、巨大な実験室があるようなものだ。人々の反応をレンズ越しに見られるのは、端的に言って面白い。

正義中毒——脳における「正義」のトリック

ペプシチャレンジ

迷うことは高度な機能であり、ブレる人のほうが人間らしい。

これは単なる私の個人的な感傷でも、根拠のないポエムでもなく、実験的な事実であることを説明しよう。やや内容がお堅くなるが、面白いので読んでほしい。

きっと、ほとんどの人にとって得になるであろうことは請け合おう。ランチや飲みの席や朝礼やちょっとした打ち合わせやコーヒーブレイクの時に使える話題として重宝してもらえるだろうし、実際のビジネスの場でももしかしたら使えるかもしれない。

「ペプシチャレンジ」という有名な実験がある。

実験ではまず、ペプシとコカ・コーラを、ラベルを見せずに中身だけを被験者に飲んでもらう。コカ・コーラ好きだと自認して公言していても、ラベルを見せずに中身だけ飲ませるとペプシを選ぶ、という人が多かった。

一方、ブランド名がわかる状態で被験者にそれを飲ませると、なんとコカ・コーラを選ぶ人のほうが増えたのである。味の好みとブランドの好みは必ずしも一致するわけではないのである。

この研究は、ブランドの情報が脳に与える影響を調べたものである。この実験では、コカ・コーラとペプシを比較しているが、ブランドについての知識が実際に味や選好を変容させるということで話題になったのである。割に広く知られている古典的なリサーチといえるだろう。

自分が好きだと思っているブランドと、ブラインドテストで調べた味の好みが一致しない、ということは何を意味するのだろうか。

ブランドによって味の感じ方が変わる人なんて信用できない、同調圧力に負けて自分の好みすら変容させられてしまう、カッコ悪い人、と感じる人も多いのではないかと思う。

この古典的な実験には続きの研究ともいうべき実験がある。なんとこれを脳科学的に検証しようというのである。この研究は、２００４年にアメリカの脳科学者リード・モンタギューらによって行われた。

モンタギューたちの研究グループは、被験者を集めて、コカ・コーラとペプシのそれぞれをブランド名が分からない状態で飲んでもらい、その最中の脳の活動をスキャンした。

すると、主観的な快楽を感じるときに活動すると考えられている脳機能領域・腹内側前頭前皮質（vmPFC）が活性化した。興味深いことに、被験者にあらかじめ聞いてわかっているそれぞれのブランドの好みと、ブラインドテストで飲んだ味の好みとは、やはり一致しなかったのである。ブランドと、味とを、脳は別々に処理しているということが改めて確認されたわけだ。

この結果をもう少し掘り下げるために、ブランド名がわかっている状態で、被験者にそれぞれを飲んでもらい、脳をスキャンすると、コカ・コーラを好きだと答えた人がコカ・コーラと知って飲むときには、記憶・情動の回路が活性化したのである。

一方で、ペプシではこのような反応が見られなかった。コカ・コーラに特異的に見られたこの反応は、情動に直接訴えかけて判断を変化させるということで、エモーショナル・ブランディングと呼ばれている。

ブレることは脳の高次な機能

モンタギューたちはさらに、あらかじめvmPFCを損傷していることがわかっている患者に対して、同じ実験を行った。前述の通り、この部分の活動は、主観的な快楽、そして感情的記憶と結びついている。これもまた興味深いことに、vmPFCが機能しないこの患者たちは、ブランドを明かさないでテストした場合の味の好みと、ブランド名を明かした場合の好みが変わらなかった。つまり、ラベルによって、味の好みが左右されなかったのだ。

繰り返しになるが、ブランドやラベルや第三者のお墨付きなど、外部の権威を表す何かによって自分の判断が左右されてしまうことを、人間はなぜか恥ずかしいと感じる。恥ずかしいどころか醜い振る舞いであり、一部には「クソだ」と断言する人すらいるようだ。しかし、モンタギューの実験からは、ブランドや権威を認知し、これによって選好が変わることは、重要な脳の働きの一つと言い得るということになる。

いわば、「ブレない人」は「単に前頭前皮質が働いていないだけ」なのかもしれないのだ。

ブランドを認知して活性化する腹内側前頭前皮質は、「社会脳」と俗に呼ばれる領域の一部であり、いわば社会の空気を読んだり相手の思いを察したりするような機能を担う場所である。この機能が正常に働いているとき、私たちは誰かの思いを無意識的に察し、自分の好みにすら蓋をして、考えを曲げ、ブレて、迷う。

考えを環境に合わせて微調整する、という実に精密なことを脳はやってのけているのに、私たちは同時にそれを「内省」して「恥じる」。人がブレる様子を目の当たりにするとき、私はそれをちょっとうらやましいと思う。高次な機能を駆使して、他者と自分との間の心地よい間合いを測ろうとしているのである。カッコ悪いと感じるどころか、なんと精妙な器官／機関が働いているのだろうかと、むしろ感動すら覚えてしまう。

「美しい」＝「正しい」？

ただ、この機能が働き過ぎていてもまた息苦しい。私たちの社会ではともすれば「ブレない人＝空気が読めない人」とみなされてしまいかねないリスクが高い。拙著『空気を読む脳』でも詳述したが、日本とはそういう国だ。私が指摘するまでもなく実感している人は多いと思うが、本当に自分がおいしいと思っていたり、好もしいと思っていたりするものを、空気によって変えさせられてしまう環境というのが、果たして良いものなのか良くないものなのか、なかなか判断は難しい。

私たちの判断の軸に「美しい」と「正しい」という価値がある。倫理観の源になるような価値基準だけれども、脳機能を見てみると、私たちはこれをよく混同し、区別して考えられないということがわかる。時には無条件に同一のものと扱うことすらあるようなのだ。物理学の最先端を研究する物理学者ですら「この理論がなぜ正しいとわかるのか」と尋ねると「美しいからだ」と答えたりするのである。

このやり取りの中では「美しい」＝「正しい」という無条件の変換が無批判に行われている。これを、皆さんはどう思うだろうか。

また、物理学者という権威を前にしたとき、それはおかしい、と多くの人は疑問をさしはさむことをためらうのではないだろうか。それこそが、社会通念が規定している権威を重視し、空気を読み過ぎるあまり、自分の意思で能動的な判断をなしえていない、ということである。権威の前に思考停止している。自らを恥じる人もいると思うが、もちろん、私はそれを脳の高度な自動的な判断だと思うから、非難するつもりは毛頭ない。

ところで、美人か否かの判定尺度も歴史的、文化的（時空間軸）な要素に大きく依存する変化する価値の一つといえる。この変容の頻度と度合いは、「美しい景色」や「おいしさ」など比較的変容の度合いの少ない基準とは異なる機構による認知が働く。変わらないおいしさ、時を経ても変わらない美などのブランド価値は、前述のように腹内側前頭前皮質が判断している。

私たちの正義は不変でも普遍でもない

変わる美の基準の判定機構を探るため、２０１４年、カリフォルニア工科大学のスティーブン・クォーツらの研究グループがある価値に着目した。20代前半の若者たちがカッコいい、イケてる、と思うものを調べようと試みたのだ。

そして、20代前半の学生を被験者として実験は行われた。

まず、学生に、香水から家電に至るまで様々なジャンルから、カッコいいものとそうでないものを選ばせ、２００個以上の画像を作成させた。次に、別の学生たちを被験者として、それらの画像を見ているときの脳の活動をスキャンし、その後、見てもらった画像についてカッコいいからカッコ悪いまで評点をつけさせた。

すると、カッコいい、と学生たちが判定した画像については、内側前頭前皮質が活性化していることがわかった。この部分は、空想、計画、内省的な思考をしているときに活性化する部分であり、「自意識」に深くかかわっているとされている。

カッコいいかどうか、という判断と、自意識が関連している、という発見は何を意味するのか。

内側前頭前皮質が司っているのは、ひとことで言うと「価値の判断」である。私たちの身の回りには数えきれないほどの物があり、刻一刻と自分にふりかかる出来事も移り変わる。その中から自分にとって重要なものだけを見つけ、集中的に対処しなければ、脳はパンクして身動きがとれなくなってしまう。

内側前頭前皮質は、自分にとって何が大事なのかを決めている場所なのだ。自分の周囲で起こっていることを常にモニターして、自分と関係の深いことであればできるだけすばやくこれを検出し、反応するための準備をさせる。自分との関連がある一定の値を超えると、そこへ自動的に関心が向くよう、脳をスタンバイ状態に保つ。

自意識と価値判断とが同じ領域で処理されているというのは興味深い。内側前頭前皮質は、自分の社会的な位置づけを確認するために常に活動している領域である。そして、「カッコいい」の基準を司っているだけでなく、無自覚のうちに私たちの行動を抑制し、行き過ぎた利己的な振る舞いを回避させるという機能も持っている。いわば「良心」の領域であり、その社会における倫理規範と照合して適切な行動を取らせ、反社会的な振る舞いをさせないようにする働きがある。

一方、このような規範に対する応答の鈍い一群が、人間社会には存在することも知られている。この群は内側前頭前皮質の活動が低く、「良心」が働きにくい。いわゆるサイコパスと呼ばれる人々だが、変わる価値基準に対してそれを意に介さず堂々と振る舞うので、あたかもその人たちが社会の基準であるかのような印象を人々に与え、一定数の人から「カッコいい」人物であると支持を得ることがある。

こうした人物を支持するのは、自意識にネガティブフィードバックのかかりやすい若年層に多く見られる。若い間はサイコパシーの高い人間を性的パートナーに好むけれど、年齢を経ると信頼のおける相手を選好するようになるという変化が起こるのはこのためだと考えられる。

日本を含む東アジア文化圏は、サイコパシーの高い人間の割合がどちらかといえば低い地域とされている。つまり、内側前頭前皮質の機能がより高い人の割合が高く、変化する美としての「カッコいい」や「倫理」の基準の更新頻度の高い風土であるといえる。

だからこそ、空気に流され、権威に屈し、長いものには巻かれる文化が出来上がるわけでもあるのだろうけれど。

私たちの正義は別に不変のものでも普遍のものでもない。ただ、集団として生き延びるために備え付けられている戦略の一つに過ぎないのだから、わざわざそれを守ろうとして命を失う、なんていうことは愚かなことだ。けれども、愚かだとは思いつつも、それを美しいという気持ちが私を含め多くの人に起こるのもまた確かなことだ。

そしてこれも、もちろん科学的に証明ができることとして分析が可能である。それでも、たとえ科学で証明ができたとしても、人間はブレて、迷い続ける。

ウソをつく脳

〝快楽中枢〟の活動が高いほど……

ウソつきは美しいか、美しくないか、と問われれば、多くの人は美しいとは答えないだろう。不都合な事実が明るみに出た時、それを素直に認めて謝罪し、しおらしく反省の色を見せる人に対しては、比較的人々は寛容であるようだ。

一方、「この人は平然とウソをつき、ウソが暴かれれば開き直るような人だ」という印象を一度でも与えてしまうと、いつまでもそれは人々の記憶に残ってしまう。何年経っても、そのこと自体が攻撃の口火となり、積極的にウソをつくわけでなくとも、この人は不都合な真実をなかったことにしてしまう人だ、と失望と落胆の気持ちを強めたり、支持する気持ちを萎《な》えさせたりしてしまう。

京都大学の阿部修士准教授が、ウソつきに見られる特徴的な脳の活動について報告している。報酬が期待される、言い換えれば、自分にとって望ましい何かが起きそうだ、というときに側坐核の活動がより高くなる人ほど、ウソをつく割合が高いという傾向がわかったのだ。

側坐核というのは、脳における〝快楽中枢〟といわれる領域である。1950年代にカナダのジェームズ・オールズとピーター・ミルナーが行った実験で、ラットの脳に電極を刺し、レバーを押すことで電気刺激が入るようにしておくと、ラットは飲食を忘れてレバーを押し続けたという行動がみられたことから、このように呼ばれている。

この領域は、食事やセックスといった、脳にとって報酬となる多くの行為に関連している。依存症の病態にも関与している。定期的にスクープされる、派手な性行動が記事になってしまうタイプの有名人の中には、適切な投薬や心理社会的治療が必要な人もいるだろう。興味深いものでは、ある種のドラッグによって惹き起こされる快感と、音楽の快感とがほとんど同じだと指摘する研究もある。

被験者のウソつき度を試す課題

阿部准教授の研究では、金銭報酬遅延課題およびコイントス課題が用いられている。金銭報酬遅延課題では、モニターに正方形が表示される。が、それはごくわずかの間だけで、表示されているそのほんの一瞬の間にボタンを押すことができれば、被験者はポイントがもらえる。どことなくe-スポーツ的な感じのする、ゲーム性のあるタスクである。

側坐核はこうしたゲーム性のある作業を行う時、報酬への期待が高まって活発になることが知られている。タスク遂行時に側坐核の活動が活発であるほど、報酬への欲求が大きい人だということになる。

コイントス課題は、コインの裏表を当てるゲームのような単純なタスクである。あらかじめ裏と表どちらが出るかを被験者に予想してもらい、実際にコインを投げ、当たればポイントがもらえる。

このコイントス課題で、被験者のウソつき度が試される。被験者には、ウソをつくことができないように、予想を紙に書いてからコインを投げる、という方式と、ウソをつくことが可能な、予想は紙に書かない方式の両方でコイントス課題をやってもらう。後者では、紙にも書かず、口にも出さないわけだから、ウソをついたのかどうか、証拠は残らない。ただ、その人の正解率がチャンスレベル（偶然の確率）以上になっていれば、その被験者は一定の水準以上にウソをついている、ということが明らかとなる。

これらの実験を被験者にやってもらった結果、金銭報酬遅延課題（瞬間ボタン押しの課題）で側坐核の活動の高かった人ほど、コイントス課題でウソをついていたという傾向が見られた。さらに、側坐核の活動が高くても、ウソをつかなかった場合には、またさらに特徴的な脳の活動パターンが見られ、背外側前頭前皮質の活動が高くなったという。この領域は、理性的な判断、また行動の抑制に重要な領域であると考えられている。

ウソを使いこなすのも一つの才

わかりやすく嚙み砕いて言えば、ウソつきの脳内には、ウソをつきたい欲求が人よりも強く存在し、その欲求を背外側前頭前皮質が強く抑えることで、ようやく正直な言動ができる、ということになるだろうか。

ウソをついているのかどうか、完全に見抜くことは難しい。だからこそ私たちは証拠を必要とする。側坐核が活発に活動しているかどうかも、他人からはわからないし、活動が高くても必ずしもその人がウソつきということにもならないことは明記しておかなくてはならないだろう。

1章で言及した、週刊文春WOMAN人生相談に寄せられたお悩みは、自分は公務員の職にあるが、ウソをつくことがやめられない、他人をだまそうとか迷惑を掛けようとかいう意図はないのだが、つい息をするようにウソをついてしまう、どうしたらいいのか、というご相談であった。私はこの研究のことを思い出した。

ただもし、そもそも脳の傾向としてそんな性質を持っていると自覚があるのなら、それを変えることは難しい。ウソをつくことが基本的には推奨されない職をなぜ、高い障壁を自らに課すようにして選んでしまったのだろう。

美しい虚構を創造したり優しいウソを使いこなして人々を楽しませる仕事を精力的に行う人もいる。それは一つの才でもあるのだから、人を貶《おとし》めたり騙して搾取するために使うのではなく、人を癒やし、喜ばせるためにその能力を活用する方向に持っていくのが人間の美意識、真の知性というものではないだろうか。

メンサのこと

コスパのいいラベルとして

ポスドクでフランスにいた2008〜2010年に、日本語で知的な内容を話せる友人がオンラインででもほしいな、と思い、メンサの入会試験のことを知って受けてみようと申し込んで、一時帰国の際に受けに行ったら受かってしまった。

メンサとは高い知能指数（IQ）を持つ人々が交流する非営利団体で、全世界に13

万人、日本でも4700人ほどの会員がいる(2019年12月現在)と言われている。正規分布を仮定すれば人口の約2パーセントがメンサに該当する水準の知能指数の持ち主であるという計算になる。が、正直これは大した数字ではなく、50人のクラスに一人くらいの割合だ。

どんな人がいるのか最初は楽しみで何度か会合にも参加した。が、そのうち面倒になっていかなくなってしまった。知的な話をするというなら東大時代の知己を掘り起こしていくほうが効率が良いことに、次第に気づいてしまったからだ。彼らに比べると、パズルを解くのが得意なだけ、という性質のメンサ会員たちも少なからずいて、いささか見劣りがしたし、打てば響く答えが返ってくるという人はいないというわけではなかったけれど、想像していたよりもずっと少なかったように思う。

どちらかといえば、現実に不満を抱えていて、その不満を解消し、自分の承認欲求を満たすためにメンサという肩書が必要で、それでメンサに入ったのだろうなあ……と思われる人が、相当の割合で入会しているような感じがした。あくまで主観であるので、もっと楽しめる人は楽しいかもしれない。

今思えば、誰かに刺激を期待した私の方が間違っていたのだ。メンサ会員の全員がとは言わないけれど、受験勉強や実社会で苦労して努力したり勉強したりすることが嫌で、それが不可能だからこそ、コスパのいいラベルとしてメンサというカードを切れるようにしておく、ということのために、この会に入っている人もそれなりの割合でいて、その人たちの標的に私はなってしまったのだろう。

ここにいさえすれば承認欲求は満たされる。せっかくのその心地よいぬるま湯の中に、自分の知らない知識を持った、好奇心旺盛な人物が入ってきたら、すべてが台無しになってしまう……ということだったのかもしれない。

新しい世界を見せてくれる人が好き

私は、彼らが何もせず優越感に浸ることのできるはずの、その快適な心のよりどころを、壊してしまいかねない、目障りな存在になっていたのだった。一人だけテレビに出たり、本を出したりするということに、面白くない思いをした人もいたようだ。出版に際して、メンサという肩書を使うなとチクチクと刺されたりもしたし、遠回しに嫌味を言われたり邪魔されたりしたこともあって、あまりいい思い出がない。

現在でも、誰か一人の会員がメンサという肩書を使って出版をしたりしようとすると、主要な会員たちは否定的なことを言うようだ。とてもスマートな振る舞いとは言えないように思えるし、戦略としても愚かではないだろうか。

もちろん、甘い言葉を囁いて、あなたは世界で認められた高IQ団体の会員ですからね、素晴らしい知能の持ち主です、選ばれた人間ですよと褒めそやして歓心を買うことは、いともたやすくできる。

けれど、これらの承認欲求の強い人たちから無理をして歓心を買っても、あまりメリットはない。

なんだか、楽しみに入会した当初の自分が、馬鹿らしいように思えた。会費を払って所属するのも面倒になり、払い込んだ会費分の会員資格の有効期限が切れた段階で、そのままにしている。

とはいえ、ここで出会った人たちの中には気の合う面白い人たちも、もちろんいないわけではない。友人として今でも付き合いがある人が幾人かいる。

そういう人は、どこかほかの人とは違う見方のできる、柔軟な思考の持ち主だ。それを使って身の回りの出来事を自分の視点で斬ることができる。そういう態度を自然体で持ち続けていられるというところがあって、会うととても心地よくいられる。私にとって知性というのは、パズルを速く解くための数字だけの〝知能指数〟のようなものではない。

私は、「知能指数の高い人」が好きなのではなくて、見たことのない新しい世界を見せてくれる人が好きなのだ。

寄り添う人

虚数空間に住んでいるような

夫の話を、テレビや雑誌の取材などでしたことはあったけれど、きちんと本に書いたことはなかったように思う。ここですこしまとまった量の文章として整理するのはいいかもしれない。

夫のFacebookや大学HP（大阪芸術大学に勤務）にはプロフィール欄に記載されているかもしれないが、自身で「シュルレアリスト」と名乗っている。まあ、シュルレアリストの定義についてきちんと議論して私が理解しているかと言えばそうとも言い切れないのだが、彼の受け答えやありようというのは実にシュールと言ってよい。存在そのものが作品のようであるという観点で見れば、なるほどシュルレアリストというのはこうなのか、と納得感があるのではないかと思う。彼のことを知っている人なら、誰もこの主張に反論はしないだろう。

サルヴァドール・ダリのように不安が強かったり、時には悪目立ちしてしまうような奇行で人の耳目を引いたり、ということではないのだが、彼はとにかく普通ではない。本人としてはごく普通にしているつもりなのに、なぜかおかしみがにじみでてしまう。

詩的に書こうと思えばいくらでも書ける。どことなく半透明な感じがする。虚数空間に住んでいるとでもいったような、時空を超越しているようなところがある。けっして技巧が卓越しているわけではないのだが、楽器からいい音を出す。近くにいると、充電されていくような安心感がある。言っていることは論理的とは言えないが、レトリックを使うのがうまく、人を煙に巻いて雰囲気をやわらげてしまう。人を馬鹿にしたり、押しのけたりするようなことはなく、とてもやさしい。

どこで出会ったのか、ということを頻繁に聞かれるので書いておいた方がいいのかとも思うが、私にとってはどこで出会ったかはあまり重要なことではない。２０１０

年に一時帰国した際、人工知能について語る会をしようかと言って産業技術総合研究所に当時勤めていた友人とごく少数で集まった会に彼は来ていて、あまりにたたずまいが不思議すぎ、応答も面白すぎて、気づいたらお付き合いが始まってしまっていたのだ。

結婚するメリット

しばしば、互いに理解し合えなければ結婚できないじゃないですか、という意見を聞くことがあるけれど、私はそうではないと思う。見合い婚で、結婚前に交流がさほどあったわけではないという二人でも、敬意を持ち合って長続きする夫婦は少なくない。その逆に、恋愛結婚であっても、数年も経たないうちに修復不可能なまでに関係が悪化し、離婚してしまうケースも珍しくはない。

私の両親は後者の例だった。親族からは、大恋愛で周りの反対を押し切って結婚したのにねえ、と聞かされていた。そんなこともあってかなり幼いうちから結婚というのは難しいものだという感覚があり、なるべくならしたくないと思っていた。

結婚をすると損をするのは長期的には女性の方であり、自分の思うような人生設計ができなくなってしまう、と思っていた。母と、父方の祖母は専業主婦であったのだが、男性のサポート業務で人生を終えるという姿を見て、さすがに私のとる選択肢としては無理筋だと思った。サポートするには私の最も苦手とする「空気を読む」をしなければならない。これができなければ、サポーターとして歓迎される関係を築くことは不可能であるし、相手にとっても私にとっても結婚というものをするメリットがどこにもない。

ただ、親族には、時代的なこともあってか、やっぱり結婚していない人とか子どもを産んでいない人はどうも性格がおかしいわよねえ、という差別的な発言を割と平然と口にする人がいたので、この人たちを黙らせるためにはいつか結婚しなければならないのか、と暗い気持ちにもなった。

夫は、私にサポートを要求するような人物ではなく、私が好きなように仕事をしていて不安になるようなタイプでもなかった。この人と付き合うようになってから、ああ、親族たちのために自分の人生の重大な決断を左右されるというのは、コストに見合う利得がない、愚かなことだとある程度は冷静に見ることができるようになった。

けれど、かつての私がそうであったように、幼いころに誰かから刷り込まれてきた考えが強固に自分の行動を左右し、自分の意思さえ見失わせてしまうということはかなりの人に起こっていることだろうと思う。

お互いの時間を邪魔しない

理性的に分析して納得しているようではあっても、まだ完全に影響を脱することができていない部分もある。子どもを産むということについてだ。親族の介入の余地がある間は、とても産めないと躊躇してしまう。もう、少なくとも自然妊娠するにはかなり難しい年齢といえるだろう。

親族たちが私の子にも私に対するのと同じように接するのではと私が考えるのは自然なことではないだろうか。自分の子どもが同じような目に遭うのはなかなかに耐えがたいし、私の育て方がすべておかしく、うまくいったことはすべて親族の祈りのおかげである、などと言われた日には、その先の人生すべてについての努力のモチベーションを失ってしまいそうだ。

ただ祈っていればうまくいくなんて、本当に気楽な素晴らしい人生ですね？　と嫌味の一つも言いたくなる。母などは両親をはじめ親族中から大反対された相手と結婚したにもかかわらず、あっという間に不仲になって、何年もまともな会話のないような悲惨な夫婦生活を送り（最も間近で見ていた私が言うのだから間違いない）、これ以上ないというタイミングで帰って来なくなったということも、自分は祈っているのだから悪いところは何一つないはずだという考え方なのだとしたら、理解し合える自信がなくなってくる。

そして、悪いことが起こるのは、自分が選んだパートナーであったはずの父と、子どもの私たちのせいだ、ということになっているのだとしたら、もう、どうしたらいいのだろう？　子どもでもわかるくらい、論理的には破綻を来していると思うのだが、過去に文春新書で刊行した書籍に関連して述べてきた通り、こういう人格の人は可能な限り敬して遠ざけるべきであり、まともに相手をしてはいけないのではないかと思う。

まともに相手をしなくてはならなくなるような、きっかけをつくってはいけない。夫には申し訳ないことだが、私には子どもを産むという決断ができなかった。でもそれは夫を守るための一線でもある……。

結婚してからも、私は一人の時間が好きで、その時間がないと自分をリセットできないというところはたしかにあった。今でもそうだ。結婚して10年になるが、普通の男性ならば、とてもこんなに長い間一緒にはいられなかっただろう。

彼は、私の時間やこうした気持ちを邪魔することがなく、ただ寄り添うようにして近くにいてくれる。私たちは好きな時に、好きなところへ出かけていく。二人でいたいときには二人でいるけれど、一人の時間を大切にしたいときには、その価値をわかってもらえる。

同じ家にいても、夫は私の時間を妨げることはない。私も夫の時間を邪魔しない。二人とも、孤独の価値と楽しみを知っていて、それを尊重し合っている。

3章　さなぎの日々
――塔《トゥール》の住人はみな旅人《トゥーリスト》である
2000~2009

息をするのも重い夜は、監獄のような生をゆっくりと
一緒に死んでくれる誰かがいたらいいなと思った。

さなぎの中身

「生きること」が向いていない

何者でもないという状態の、何とも言えない不安定な気持ちを、もっと味わって楽しんでおけばよかったと今になって思い返すことがある。

同級生ばかりか後輩たち、周囲にいた人々が、すでに社会人として数年を経て、自分の立ち位置というものを築いていく。それを横目で眺めながら、時には、見ないようにしながら、ひたすら私は何者にもならないという時間を、延々とむさぼっている。自分には「生きること」が向いていない。人間社会で生きていく能力にほとんど恵まれていない上に、能力がないなら努力でカバーしようというその気力にすら乏しい。

あまり話の通じない、「健全」な（そして幸運にも、そういうことを考えずにすむほど十分に忙しい）人々には、もっと恵まれていない人のことを考えろよ、ぜいたくだ、頭がおかしい、そんなに生きるのが嫌なら死ねば、とせせら笑われるようにして諭されてしまう。当然、互いに不快でもあり、付き合う意味にも乏しいので、こうした人々からは意図するとせざるとにかかわらず、どちらからともなく遠ざかっていくことになる。

言葉にしにくいうしろめたさのような感情が日に日に凝《こご》っていき、意識していないと呼吸もできない、という状態になる。日の当たる場所で健康に生きていく人々の姿を見る毎に、自分は、日陰に生えて花も咲かない植物のようだ、と思う。あるいは、さなぎのまま羽化せずに死んでいく虫。

社会人として地歩を固め、安定した収入を得て、家庭を持って落ち着いていく人たちを遠くから眺め、自分は違う種類の生き物なのだなあと暗い感慨を毎日新たにした。いつでも浮いていたわけだけれど、相も変わらず、またここでも浮いてしまう。健全な人たちの健全な楽しそうな姿を目にすることになる、土日祝日の街や行楽地には出ていく気になれず、平日の、他人の働いている時間に自分はこそこそと好きなことをする、というのが習い性になっていった。

昨今ネットで底意地の悪いコメントが書かれているのを見かけることがあるが、当時の私のような状態にある人が、苦痛を解消しようとするあまりに撒き散らす汚物や吐瀉物のようなものなのではないかと思うことがある。本当は、俺はもっとできたはずなのに。なぜ俺よりも能力に乏しく、鈍いはずの人間が、ただ生きていく力に恵まれているだけで、俺よりもいい目を見ているんだ。

そのルサンチマンをぶつけて気晴らしをすることが可能な場所が、匿名性の高いSNSやネットニュースのコメント欄、掲示板等なのだろうと思う。行為としては、客観的に見ればまったく非生産的きわまりないのだけれど、そうやって選民意識を自ら高めでもしない限り保てない、ギリギリのメンタルでいるのかもしれない。そう思うと、その気持ちがこちらにも沁み出してくるようで、いたたまれなくなってくる。

世の中を良くしよう、にある胡散臭さ

私だって平日の昼間に優雅に遠出をして、「健全な社会生活を送っている者にはこんな真似はできないだろう」などと自分をなだめていたわけだから、あまり人のことも言えないのだ。日陰の隠花植物や、身動きの取れないさなぎのようだと、自分のことを感じている私の眷属《けんぞく》たち。あなたと私は、同じ種類の生き物なのではないか。

自分は、幹線道路の中央を力強く疾走するような者ではあり得ない。かといって、

逸脱者らしく道なき道を切り開くという情熱があるわけでもなかった。世の中を良くしようだとか、歴史をつくろうだとか、そんなことのために自分を使おうとは思えなかった。今でも、そんな風にはなかなか思い切ることができない。どう生きていいかわからない人生の目的を、何でもいいから与えてほしいなどと言っている割には、自分の人生を出し惜しみしたくなる拘泥があった。

もちろん、世の中を良くしよう、という言葉の裏にある欺瞞《ぎまん》、胡散臭さを、なぜか私は過敏に感じとってしまいがちだということもあった。それゆえに、そのマインドセットへ自分を持っていくことがとても難しい。世の中を良くしましょう！　と語り掛けられると、こう毒づきたくなる。

より良い世界っていうのは、いったい「誰にとって」より良い世界なんですかね？

耳触りのいい言葉はほとんどの場合、不都合な真実とセットである。短期間のうちに起こされる、大きな変化の後には、弱者が犠牲になるものだ。

そしてまた、適応し過ぎた者も新しい環境では生き延びられない。多様な可能性を捨て、「選択と集中」戦略を取って環境に適応し、利得を増やそうとして柔軟性を失った者は、ひとたび環境が変わると滅びてしまう。かつて地上を我が物顔にのし歩いた恐竜のように。

さなぎの中身がどうなっているのか、知っている人は少ないかもしれない。あの不思議な軽さを持った、硬質な殻の中で、幼虫だったころの体はドロドロに溶け、細胞から組み替えられていくような劇的な変化が起きている。一部の神経、呼吸器系以外の組織は、かつての面影をひとかけらも残さず、跡形もなくクリーム状になっている。さなぎが、振動などの外的なショックであっけなく死んでしまうのは、このためだ。

このころの私は、すこしでも振動を与えたら死んでしまう、さなぎのようであったかもしれないと思う。どんな形になるのかもわからず、自分を組み替え、多くのことを感じすぎ、上手に吐き出すこともできず、苦しかった。

だが、これほど世界の手ざわりを敏感に多様に捉えることができた時代は、貴重だった、とも思うのだ。きっとこの先、あんな時代はもう二度とやってこないだろう。ただ、もう一度やってきても、それに耐えられるだけの体力は残っていないだろうとも思うけれど。

新自由主義と大学院重点化

病気に罹るのは自己責任？

ゼロ年代の半ばくらいにはもう、新自由主義の空気が濃厚であったと記憶している。

まず、新自由主義の定義を確認しておく必要があると思う。デジタル大辞泉によれば、「政府などによる規制の最小化と、自由競争を重んじる考え方」が新自由主義の定義である。かいつまんでいえば、経済に対する政府の介入を否定し、これを最小限にとどめようとする考え方のことだと言ってよいだろう。

だがこうした、市場を万能視する新自由主義の視点に立つと、少なからず、自助努力や自己責任に関する、あまり科学的とはいえないバイアスのかかった言説が出て来がちになるという傾向がみられるように思う。論証も実証もされていない命題であっても、どうも影響力の強い人が口にしていたり、多くの一般大衆が支持していたりすると、それはあたかも、すでに検証された事実であるかのように独り歩きしていってしまうことがある。

例えば、病気に罹った人間は常日頃の体調管理がなっていないことがその疾病の原因であり、罹患は自己責任(自業自得)であるのだから、皆保険制度は悪弊の極みであり無意味、という冷静に考えればかなり乱暴でエキセントリックな論でもある。

この考え方がもし成立するとしたら、それは一部の生活習慣病に対してくらいのものだ。自己責任とはいい難い遺伝病や、自らは注意深く過ごしているにもかかわらず完全に他者の不注意によって巻き込まれてしまった事故、周囲の人の配慮のなさによりうつってしまった重篤な感染症に関してはとても適用できない。

それでも、そもそも遺伝的弱者は生きている価値がないだとか他人の不運に巻き込まれるような人間は愚かだから助けるだけ馬鹿らしいだとか強弁してこの自己責任論を適用しようとする人が存在する。存在するだけでなく、一定のやや考えることの苦手であろう人々がこれを支持しているというのは実に恐ろしいことだ。

これまで比較的恵まれた人生を送ってきたか、想像力と記憶力に不自由のあるタイプで、自分は死ぬまで病気に罹ることもなく、不慮の事故に巻き込まれることもないと確信できる人々であるのだろう。

専門家のアドバイスは脳の活動を停止させる

面白い実験がある。科学雑誌「ＰＬＯＳ ＯＮＥ」に掲載されたもので、エモリー大学のグレッグ・バーンズらによる研究だ。これは金銭に関わる選択を行う際に、専門家からアドバイスを受けると、意思決定をつかさどる脳の部位が活動を停止するというのだ。さらに興味深いことに、専門家のアドバイスが的確でない可能性があることがわかっているときでも、同じ反応が起きてしまうという。

自分の頭で考え、意思決定した時には、被験者の脳では前帯状皮質と背外側前頭前皮質が活性化している様子がみられた。これは損得勘定や、多くの情報を統合して処理するという機能を持った領域である。一方、専門家のアドバイスを受けたときには、これらの部位は活性化しなかった。つまり、自分の頭で考えていないことが、脳機能画像の撮像でわかってしまったということになる。

バーンズによれば、専門家のアドバイスがまったくお門違いだったとしても、それを聞いた人々の行動を変えてしまうことがあるというのは、まるで専門家の存在が、自分自身で価値判断を行うことを放棄させているかのようである、という。

ところで、バーンズはニューロエコノミストである。神経科学の中でも、神経経済学という領域の研究者である。旧来、経済学は、人間が合理的に行動するという前提条件で構築されてきたが、実際には人間は合理的とは言えない行動を頻繁に取り、その非合理性が市場を動かしている。こうした非合理性を神経科学で読み解き、新しい経済理論を構築していこうというのが神経科学者たちの目指すところだ。

いま、コロナ禍による世界的な経済情勢の悪化を受けて、市場の見えざる手がどう動くのか、それこそ専門家の意見を聞きたがる人が増加しているだろう。神経経済学はこれまでにも繰り返し注目を集めてきたのだが、今後もまた新しい関心の波を引き寄せるだろう。

もちろん、人の経済的選択に関しては、実験室条件でなされた研究がそのまま適用できるかどうか、経済問題のすべてに答えられるかどうかについて、やや冷静になって吟味する必要は当然あるだろう。

ただ、このような研究は、現在の主流派経済理論が前提にしているマーケットの考え方に一石を投じるものだ。新自由主義的な経済理論だけが必ずしも絶対ではない。

人間は常に合理的な行動を取るわけではなく、マーケットは非合理的な意思決定によって左右されてしまうことが往々にしてあり得る。

大学はお国のために役に立つ場所？

バーンズの実験は二つの点で興味深い。

一つは、強者の論理を乱暴に提示する「識者」の主張を、潜在的には弱者である一般大衆が、その一部ではあってもうのみにして支持してしまうという現象の生起を示唆しているという点。

もう一つは、強者の論理のよりどころである新自由主義的自己責任論が、実は脆弱《ぜいじゃく》な構造を持った論であるという点。

自己責任論を声高に説く人々のほとんどが、恵まれた位置にあるエリートであり強者である。彼らの説く強者の論理は、その論理に従って生きればあたかも自らも強者側にまわったかのようなかりそめの酩酊感と快楽が得られるものでもあるだろう。

特にそれに酔うことを非難しようとは思わないし、味わって楽しんでいるところにわざわざ手間暇かけて水を差そうという気もないのだが、心酔している側はほとんどの場合、強者となることはなく、実際には搾取される側にいるというのが何とも物悲しく感じられる。幾度となく繰り返されてきた人間界の歴史の一コマである。

おそらくより重要な課題として残されているのは、今の日本の論壇では弱者の声をあえて代弁しようとする論者が皆無に近い状態に調整されてしまっている、という部分であろうかと思う。マーケットを重視する理論を学んだ経済学者たちばかりでなく、経済学（経営ではない）とは縁遠い「識者」たちまでが、マーケットの原理や自己責任論をあたかも新しい時代の息吹であるように喧伝し、自由の代名詞でもあるかのように、一般大衆に向けて正しいかどうか疑わしい「アドバイス」を流し続ける。

これと反知性主義がセットになれば、もはや目も当てられない状態になるだろう。「子どもを産めない年齢に達した女は無駄」と言い放った政治家がいたと記憶しているが、それもこの時代の話であったのではないかと思う。

こうした思考を持つ人々から真っ先に切り捨てられる者の代表格は、生きているだけでコストがかかり、しかも目先の利益を生み出さない存在だろう。この地で学問をつづけることはきっと、おそらくそう遠くない将来、かなり厳しいことになるだろうな、と予感した。

　世界初の工学部は、実は東京帝国大学に創設されたということを知っている人はどれほどいるだろうか。これは、工学というのはアカデミックなものではないという概念が西欧世界におけるもともとの大学世界には根強くある一方で、当時の日本における大学は、手っ取り早く実務のできる人材を量産し、富国強兵を実現する基盤として作られたものだったからだという理由による。

　役に立つものは「技術」であり「科学」ではないというコンセンサスがあったところに、日本のアカデミアは明治期にその独自のスタイルを築き上げたのだ。もちろん現在は、世界中の大学に工学部と呼ばれる組織を見ることができ、剰え、工科大学すら存在する時代になっているのではあるが。

　要するに、その成立過程からして日本の国立大学は、学問のことだけ考えておればよいという場所ではなく、お国のために役に立つ場所でなくてはならなかったという淵源を持つのだ。これは、きわめて日本的であると言っていいものかもしれない。

「高学歴ニート」が大量に生み出された

その人のリテラシーが丸わかりになってしまう質問に「その研究は何の役に立つのですか?」という一つのテンプレートのようなものがある。

この問いかけをしてくる人に対しては、まともに答える必要はない。自然科学についてほぼ素人であることが明らかだからだ。そんな人には、我が国がこの分野で一定の業績を上げているということそのものが、世界から評価される源になるんですよ、とでもいっておけばよい。たいていこうした人々は、国威発揚のため、というキラーフレーズに弱く、それだけで納得して引き下がってくれることが多いからだ。

だが、世界から評価されたい、という意図が独り歩きして、あまり望ましくはない未来が具現化されてもしまった。海外では博士号取得者がビジネスの第一線で活躍しているが、これを日本でも実現しようと、博士号取得者を増やそうとして、大学院重点化という施策が採られたのだ。1990年代にはじまったことだが、影響が大きく出始めたのは2000年代に入ってからである。

何が問題だったのか。大量の博士号取得者が輩出される一方で、その受け皿はまったく用意されなかった。そして、「高学歴ニート」と呼ばれる、コストばかりかかって「役に立たない」人材が大量に生み出されてしまったのだ。ポスドク先で安く使われ、非常勤講師で食いつなぎ、雀の涙ほどの報酬をかき集めてなんとか生きていかなければならない。末は博士か大臣か、というけれど、博士と大臣は比べものにならないよね、給料ひとつとっても、などと自嘲気味に笑う先輩もいた。

笑えないのは、食い詰めた博士たちのなかに自殺者がではじめたことだった。貧すれば鈍するとはよく言ったもので、どんなに知性に優れていた人であっても、社会的基盤としての職位も不安定で、明日生きていくのもやっと、という経済状態に置かれてしまうと、アカハラ、セクハラに抗議することが不可能になってしまうことがある。そして、疲れ果て、死を選ぶ人さえ出てきてしまったのだ。

科学技術立国、という言葉は現代ではもはや失笑をもって受け止められるスローガンかもしれないが、このころにはまだその輝きを失ってはいなかった。しかし、時間の問題だ、とも思った。

この国は、明日役に立つ技術を持った人間以外は、切り捨てる国に本当になってしまうのだろうか。そう思うと、心が冷えてしまう。

根性論と職業的研究人

必要なのは「マイルドヤンキー」の能力

すべてを自己責任に帰す新自由主義のパラダイムと、どんな困難も不断の努力で乗り越えられるはずであると断ずる根性論とは、驚くほど相性がよい。私はいずれも肌に合わなかった。

そもそも明日役に立つ技術以外のところに人間の生きる意味があり、未来を拓く鍵もあると私は考えている。ネオリベの人々の展開する議論と、努力万能論とが市中に満ちてくると、それはそれは居心地が悪く感じられた。博士課程の学生なんて、こうした考え方の対極にある存在ではないだろうか。私たちは、実験マシーンでも論文量産機でもなく、思考することが仕事なのだ。

だが日本社会は日増しに、手足を動かせ、頭を止めろ、考えるな、感じろ、という色彩を濃くしていくようだった。原田曜平さんが「マイルドヤンキー」というネーミングで、日本に広がりつつあったこの光景を鮮やかに切り取って見せたとき、私は思わず膝を打った。

日本で生きていくのに必要なものは、高度な知的能力でも学歴でもなく、「マイルドヤンキー」たちの持つコミュニケーション能力なのだった。後から振り返ってみればごく当然のことだと、いまは思えるのだけれど、当時は言語化できない漠然とした不安と不満が綯《な》い交ぜになっていて、どうにも気持ちが悪く、落ち着かなかったのだ。

すっきりとその不快さを解消してくれた原田さんには感謝している。いま原田さんとはご縁があっていくつかの番組でご一緒することがあるが、いつかきちんとこの心理的な情景の変化の経緯を伝えてお礼を申し述べたいと思っている。

科学界が地盤沈下していくだろうという予見と、日本に濃くなりつつあった新自由主義的な風潮を受けて、いつか自分はどこか違う場所へいかなくては、という気持ちが日増しに強くなっていった。ここは、自分のいる場所ではないのではないか。

科学の第一線で活躍している先生方はもちろん現在でも多くおられるし、そのみなさんの努力を否定しようという気持ちはさらさらない。ただ、日本はそうした高い能力と専門性を持った人々を、残念ながら、心から尊敬して優遇するという国ではないようなのだ。

ただ静かに学び、考えていたかった

さなぎの殻の中で、私はこのまま死んでしまうのかもしれないと思った。

人と違うように生まれついて、それでも明日役に立つといったようなめぼしい能力があるわけでもなく、大して大衆の耳目を引くような派手なマネもできない。レトリックを駆使して人々を誘導する技術も持たず、人を動かせるほど大きな声を持った（あるいは、厚かましい）人間でもない。

研究室というのは、考えるための場所であり、学者という存在は、考えることが仕事なのだと思っていた。けれど、すでにそれは過去の姿になって久しく、大学は年を追うごとに予算にも時間にも余裕がなくなり、そんな無駄を抱えてはいられなくなっていた。それほどの時間がもはや経っていたのだ。大学院重点化に伴い、任期制が導入されたことで、その傾向はより鮮明になった。学者に対して払う給料はない、と宣言されたも同然だ。

報酬を受け取ることができるのは、静かに深くものごとを考える学者ではなく、自らの仕事をギリギリアウトにならないレベルにまで盛ってアピールすることができる、アメリカのビジネスマンのような研究者なのだ。そして、そうした学界の中で地位を築くことができるのは、地道に一つのテーマをいつまでも追うのでなく、流行のテーマを作り、そのテーマの界隈を盛り上げ、論文を量産することのできる「職業的研究人」なのだった。

どちらかといえば、私はそうした職業的研究人ではなく、ただ思考を楽しむ学者になりたかった。業績をあげてもてはやされることにはあまり価値を感じることができず、興味が湧かなかった。大学や研究所のような組織で、出世して地位が上がってしまうのは御免だった。人間とのやり取りを増やさざるを得なくなってしまうから、大きな研究プロジェクトを任されかねないというのもいやだった。

私は静かに学び、考えていることができればそれでよかった。が、それではこの国では、生きていくこともおぼつかない。早くどこかへ行かなくては、という気持ちはますます強くなっていった。

日本人の、謎の笑い

恐れるのは権威と権力ではなく世間と空気

医学博士号を取ってすぐ、ポスドクとしてフランスに渡った。研究員としてフランスに行っていました、というと、不思議に思う人が多いのか、自然科学系なのになぜ？　という顔をされる。人によっては、なぜ科学なのにフランスで研究をするのですか？　と直接質問をしてくることもある。

ファッション、ブランド、アートの中心地のひとつであるという通念や、ロココ様式やフランスの歴史にもとづくマンガやアニメなどの創作のキラキラしたイメージによって、フランスはかなり偏った誤解をされているのではないかと思う。まあ、その誤解も、フランス文化省（文化「庁」ではない）の目論見通りなのかもしれないけれど。

フランスは意外かもしれないが科学者を多く輩出している国でもあり、科学で哲学領域に切り込んでいこうとする研究者の気風がある。それと脳科学を結び付けた研究を積極的に行っている研究室があり、そこへポスドクの受け入れ先として依頼を掛けたのである。数覚や言語の発達の脳科学をやっている研究者もいて、とても刺激的だった。

私にとっては彼らが外国人だが、彼らにとっては私が外国人である。日本人というのはどういう生態を持っている生き物なのかという点で興味を惹いたということはあったかもしれない。

笑ってごまかす、というのは、日本ではよく見かけるコミュニケーション上の工夫だが、世界にはあまり類を見ない。

日本人の笑いが、人間関係上に起こる緊張を緩和するためのツールであるということから考えると、日本人にとって最も恐ろしいものは、権威と権力ではなくて、世間であり空気であるという読み解き方ができる。

これらを緩和するために、伝統的に笑いを使ってきた民族であるということで、これはやはりかなり独特の文化だなということを初めて感じたのが、パリに引っ越して割とすぐの頃だった。

日本語にNoは事実上存在しない

昨今、改めてこの傾向について気になっている。テレビ等の動画メディアに映って「私も新型コロナに罹りました」という日本の人々は、病状を語る表情に緊迫感を見て取ることが難しく、どちらかといえば飄々《ひょうひょう》として、剰え笑顔を浮かべながら話す。これが、海外の人に言わせればとても奇妙で、見ていると不安になってくるのだという。

これは日本に育った日本語話者であれば、気まずさを和らげようとして笑顔を作っているのだと、わかるはずだ。現象としてはよく見かけもするし理解できないこともないだろう。だが、この現象をひとたび外国人に説明しようとするとかなり難しい。そもそもそういう笑いの使い方をあまり経験していない人たちであるので、理解をしてもらえない。幕末に日本を訪れたある外国人は、どんな時も不思議な笑みを浮かべる、と最も印象的だったことの一つにこの「日本人の謎の笑い」を挙げている。

確かに、「私もう死ぬのかなと思っちゃって、アハハハ」と笑っているその笑いを、どう説明したらいいのだろう。私自身もしばらく考え込んでしまった。外国人である彼らは、自分たちは「死にそうになったよ」と笑うことはないなあ、という。もちろん、人にもよるだろうけれど。

困ったのは、研究所で毎日行われていたカフェの時間だった。研究よりもこちらの方がプレッシャーで、話題は多岐にわたり、面白くはあったけれど大変だった。「お前の国は第二次世界大戦のときに我々の国と一緒に戦ったはずだが、オトシマエはどうつけているのか」などと、研究室のほぼ全員がいる前で、ドイツ人に直球で詰め寄られたりして、なかなかスリリングだった。ここには、フランス人だけではなく、アメリカ人もイギリス人もいるのだけど……。ドイツ人はあまり空気を読まないのだということだけはよくわかった。

日本人はあまりはっきりものを言わない、ということも指摘された。それに対しては、日本語にはＮｏという単語は事実上存在しないのだ、という言い方で説明をした。たしかにＹｅｓ／Ｎｏに対応する、はい／いいえという単語自体は存在する。けれど、いいえ、と口語の会話の中で使うことはほとんどないのではないか。実際、友人同士の会話の中で「いいえ」などと答える人がいたら、ちょっと怪訝《けげん》な顔をされるのではないか。

じゃあ、Ｎｏと言いたいときはどうするのか？　と聞かれたので、そういう時には、私たちは、ただ黙るんだよ、といったら、Oh……というどよめきが起きた。日本の「空気」という概念や、同調圧力の強さについても語った。こうした比較文化論的な雑談は、外国語でするにはややしんどかった。けれど、慣れてくれば楽しいものでもあった。

脳が作り出す微笑みのペルソナ

ところで、笑顔には大きく分けて2種類ある。おかしくてつい、思わず笑ってしまう、いわばボトムアップ型の笑いと、社会的な場面に合わせて笑顔を作るという、脳内プロセスとしては意思が笑えと命じて笑いを演じる、トップダウン型の笑いである。儀礼的で、周囲の空気に配慮した、表情のみの笑顔、といえばさらに理解しやすいだろうか。

日本人にはこの後者の笑いが多いということが知られている。とかく「日本人の笑顔」は誤解されやすい。単純に「私はあなたに危害を加えません、あなたと友好的に接したい」というメッセージを伝える以上の機能を持ってしまっているためだ。欧米人は絶対に笑わないような状況下でも仮面の笑顔で処理してしまう。それが日本人のる方略である。

緊張や動揺、気まずい空気を感じた時にも日本人は笑顔をつくる。そればかりではなく、誰かを怒らせてしまったとき、逆に誰かを怒っているときにさえ笑いをつくることがある。笑ってごまかす、というとやや表現は良くないが、場の緊張を緩和させようとして笑いを使うというのには一定の効果がある。

強いプレッシャーを受けているとき、深刻な顔をしていると、余計におしつぶされそうになってしまう。だから、何でもなかったことにする——別のペルソナを仮に作り出すような工夫をして、心理的なダメージを最小限にとどめようとするのである。

日本人にとって笑顔は単なる感情表現ではなく、社会性を形成する重要な要素であり、相手に対する礼儀や思いやりでもあり、自分の心を守るための戦術でもある。おかしいわけではないけれども、笑う、という行為は、日本社会で生きていくためには外せないスキルの一つなのだろう。

ただ、こうして、無理に笑顔を続けているうちに、職場や友人とのやり取りの場面ばかりでなく、家族の前でさえも作り笑顔が消えなくなってしまう人がいる。この日本人の笑いを、精神科医の夏目誠氏が「スマイル仮面症候群」と名付けている。ある種のストレスによる症状であるとされ、笑顔の仮面を外すことができなくなり、心身に負担がかかっている状態である。

私たちは、誰もが社会の中にあって役割を持って生活している。その役割をこなすには、本来の自分であることをしばしば覆い隠し、求められたペルソナを演じる必要がある。本来持っている性格そのままに、自然に振る舞いたいという衝動と、その衝動を空気を読む前頭前皮質が抑え込んでいるという均衡の上に私たちは存在している。

時には病む人が出てしまうほどに、私たちの行動にそれを求める「空気」の圧は強いものだ。が、確かに、美しい振る舞い、とは決して本能のままに振る舞うことではあり得ないのだろう。でなければ、これほどに巨大でランニングコストのかかる前頭前皮質を、出産を困難にしてまで私たち人類が保持している理由がわからない。

脳が作り出した笑いの仮面を使いこなして、巧みに世間を渡りきることができるさまを、日本人は「美しい」という。美しさを取るのか、ただ思うままに振る舞う爽快さに身を委ねるのか、多様な生存戦略の絡み合うさまそのものも、また美しい模様を形成しているように見え、実に趣深い。

フランスでのポスドク生活

正確さを目指す日本人、アレンジを誇るフランス人

実際、ポスドクは食べていけなくはないけれど、さほど高い給料をもらえるというのでもない。毎日ミシュランの星付きレストランで食事をとるわけでもないし、ブランドの洋服を買いあさって着るような生活でもない。淡々と、自分の部屋と研究所とを往復し、週末はどこへ行くでもなくパリ市内を散歩して、夕方には近所の庶民的なカフェ兼ブラッスリーで一杯ひっかけるか、という地味な生活を送っていた。

研究所の同僚だったパリジャンたちは、シニカルで頭の回転が速いし、話していて面白かったけれど、結局当時のボーイフレンドはドイツ人で、フランス人を選ばなかった。彼も私もそれぞれの国に帰り、別の人と結婚しているのだけれど、まあ当時は異文化交流が互いに面白かったことも手伝って、お金を使うデートをしなくてもそれなりに楽しく過ごしていた。

アマゾンに住む先住民族を研究している人類学者の家に遊びに行ったときには、見

栄えを整えているわけではないけれど、実用的に整理された部屋のそこかしこから、ときめくような資料をこれでもかと先生が取り出してきて見せてくれたのも楽しい思い出だ。先住民族の音楽を録音した貴重な音源、不思議な形状の仮面、等々。

とにかく、誰もが自分のしたいことをわかっていて、他人の動向をあれこれ気にしないというのがよかったのだ。これは、世間の目を気にして、空気を読まずには生きていくことが困難な、日本での生活とはまったくちがった。

音楽家の友人と話していた時に聞いた逸話が忘れられない。彼女は、パリにある音楽系の大学院に通っていたのだが、演奏家は日本人とフランス人とでその目指すところが全く違うのだという。

日本人はとにかく正確に正確にどんな難しい技術を求められても楽譜の指示通りに弾きこなすということが得意だという。一方、フランス人の学生はそうではなく、演奏するうえで自由に自分の解釈を呈示し、

「私のアレンジの方がすてきでしょう？」

と誇らしげにするのだそうだ。

自分に誇りを持つということが、日本では実際、あまり良くないこととして捉えら

れてしまうきらいがある。健全な自尊感情であっても、自慢げにしている、と過剰に受け止められてしまう。できるだけ腰を低く、卑屈なまでに自己を低い位置においておくことを求められる。そして、その位置が定まってしまうと、少しでも位置が上に来ようものならまたたくまに攻撃を受けてしまうのだ。

私は、フランス人たちの、どことなくかわいげのある自慢の仕方に好感を持ち、少しだけ自分の振る舞いに取り入れることにした。日本で生きていかなければならない場合でも、自尊感情を適度に表現することは自分のためになるばかりでなく、自分の大切な人を守り、讃えることにもつながるのだ。

異文化の中で過ごしたこの足掛け3年間は、私にとって、楽しく、かつ重要な学びの時間であったと思う。

ミステリアスな研究所

理系ミステリと呼ばれる作品が世に出てくるようになって20年ほどが経っているだろうか。その間、理系についてより多くのことを人々が知るようになったか、といわれるとそうとは言いにくいけれど、自然科学の領域でどんな人がどんな仕事をしているのか、興味を持つ人が少しでも増えたのであればうれしい。

大学の研究室や自然科学系の研究所の生の姿というのは、当時よりは広く人々に知られるようになってきたと思う。ただ、それでも未だに謎に包まれている部分は大きいと考えられているようではあり、そこで行われている研究内容と同様にミステリアスなものであり続けているようだ。

例えば東京大学の実際の様子というのも、その名が人口に膾炙《かいしゃ》しているさまと比べれば、あまりに知られていないものなのではないかと思う。もちろん、東大における学部生活を描いた江川達也氏の『東京大学物語』のような有名な漫画作品もその一端を知るための戸口として用意されてはいるが、その実態をつぶさに知ることができるかというとやはりエンタメと現実のあいだにギャップは存在する。

中でも大学院の様子や研究室の中の日常というのは、なかなか一般的には知ることが難しいものなのではないかと思う。海外でもその傾向は変わらないようだ。

私のいた研究所は、NeuroSpin《ニューロスピン》という施設名で、フランス原子力庁サクレー研究所の中にあった。脳を調べるために、かつては放射性物質をトレーサーとして使っていたので、脳科学は伝統的に核医学と同じ敷地に研究所が設けられることが多い。原子力庁、という言葉の響きが強いので、私のプロフィール等ではフランス国立研究所という形で記載してもらうようにしている。

当然、原子力発電などに関する最先端の研究を行っている施設も所内にはあり、セキュリティはかなり厳しかった。テロを防ぐため、という理由も相俟《あいま》って、関係者以外が敷地内に入ることは極端に警戒されていた。

敷地も高い塀とその上に置かれたコイル状の有刺鉄線でぐるりと囲まれているし、入口にももちろん守衛がいて一人一人、IDを確認してからでなければ足を踏み入れることもできない。NeuroSpin の所長は、comme militaire（軍のようなものだ）、と言っていた。普段にこやかで優しげな顔に、暗く深刻そうな色が一瞬走ったのをよく覚えている。

サスペンス小説のモデルに？

原子力庁、という呼称だけでもなかなかインパクトがあるのだが、NeuroSpin はフランスの世間の人たちの関心を呼ぶに十分なポテンシャルを備えた研究所であったようだ。

フランスで2015年に、『NeuroLand』というタイトルの小説が刊行された。これはセバスチャン・ボーレルという、NeuroSpinとも関連の深いエコール・ポリテクニーク卒のポスドクである分子生物学者が書き下ろしたサスペンスなのだが、パリ中心部で53人が亡くなったテロの実行犯の脳に「NeuroLand」が深く関与しているのではないかということから話が進んでいく。

この「NeuroLand」のモデルがNeuroSpinなのではないかと言われていて、NeuroSpinの所長であるドニ・ルビアンもフランスのメディアからこの小説についてどう思うか見解を示してほしいという依頼があったといっていた。そもそもこの『NeuroLand』に登場する所長の描写そのものが、ドニ・ルビアンの姿をモデルにしているようだった。

残念ながらこの作品は日本語に訳されていないのだが、軍施設並みにセキュリティの厳しい研究所——それも、脳についての——となると、世間の多くの人の関心を惹くポテンシャルを持っているものなのだな、とこの作品を知って再認識させられた。

日本においても同様だろうと思う。外部からの人の出入りに厳しく、そこでいったい何が行われているのか見えづらい研究所という場は、それだけで一般の人から興味を持たれる存在になり得る。そして、その場所で繰り広げられる特殊な人々の非日常的な日常は、それ自体が不思議な魅力を放つものなのだろう。

こうした舞台設定を生かして創作され、売られていくのが理系ミステリという領域の作品であり、また読み手にも謎解きそのものよりもその雰囲気を味わいたいという人の割合が存外多いのではないだろうかと思う。

バベル

言語研究の特殊性

ピーター・ブリューゲル（一世）の《バベルの塔》という絵がある。北方ルネサンスの名作だ。見たことのある人も多いだろう。

私が大学院の時に所属していた講座は、「音声言語医学」という名前の教室で、その名のとおり、音声と言語に関する研究を主として行う研究室だった。大学院生時代の指導教官は、このブリューゲルの《バベルの塔》をPCの壁紙にしていたのを覚えている。

説明するまでもないと思うが、念のため。バベルの塔とは、旧約聖書創世記第11章に登場する逸話の中で、洪水を生き延びたノアの子孫ニムロデ王が自身の力を誇示する為に築こうとした伝説の塔のこと。こうした驕《おご》りに神は怒り、建設を止めるために人々の言葉を混乱させた。世界中の言語が誕生したのはこのことが起源である、というのがこの逸話の趣意である。

私の研究テーマも、聴覚を介した言語認知に関するもので、単なる空気の振動である音刺激が、中枢神経系ではどのような経路をたどって「言葉」となり、意味や、意思となっていくのか、という問題の端緒を探ろうとしたものだった。

さまざまな機器を駆使して実験を進めるのは楽しく、興味を同じくする研究者たちとの会話も刺激的で、雑用に追われることも多い、どちらかといえば多くの人の興味に合わせて何かを語る必要のある今の生活を考えると、貧乏学生ではあったけれど、一日一日が充実した至福の時代であったともいえる。

言語研究の特殊性は、何よりもまず動物実験が不可能であるというところにある。言語を使うのは人間だけに限られており、他種の生物では音声を介したコミュニケーションはなされていても、言語のように複雑な構造を持ち、緻密な意味を精細に伝えることのできる手段を使用している生物はほぼいないといっていいだろう。

つまり、脳を直接、外科的な方法を用いて操作したり、遺伝子を改変したりすることはまず倫理的にゆるされず、研究を進めるにあたって採用できる実験手法は、脳に傷や不可逆的な影響を与えないことが認められている非侵襲的なものに限られるということである。

こうした厳しい条件の中ではあるが、90年代の初めに興味深い報告がなされている。ＫＥ家という、3世代にわたる遺伝性の言語障害を持つ家系についての研究で、この家族の詳細な調査を行った結果、この障害は優性遺伝することが分かったというのだ。詳細な解析の結果、ＦＯＸＰ2というタンパク質の遺伝子に突然変異があるときにこの障害は発現するということ、障害を持った患者の脳機能イメージングの結果から、異常は発話に関する領域と大脳基底核に起きていることが示された。

ＦＯＸＰ2は進化的によく保存されており、チンパンジーと人間ではたった2アミノ酸の違いしかなく、この違いが、言語を使うことができるかどうかを分ける分水嶺になっているのかもしれないという可能性についての議論も活発に行われている。さらに、ネアンデルタール人と我々現生人類では、同じバージョンのＦＯＸＰ2を持っているということもわかっている。

現生人類のゲノムにはネアンデルタール人の遺伝子が数パーセント含まれていることが明らかになっており、過去に交配があったことが示唆されるが、彼らとの間に言葉が通じたのかどうか、とすれば、言語コミュニケーションがどのように行われていたのか、等々、想像を巡らせてみるのもまた心躍る試みだろう。

言葉は不完全な、奇跡の結晶

言葉が通じない、ということを私たちは2通りの意味で使っている。互いが異なる2つの言語を母語としていて、互いの言語の理解が困難であるとき、私たちは言葉が通じないという。一方、同じ言語を母語としていても、互いの意思疎通が困難であるとき、同じように私たちは言葉が通じないという。

前者の場合、言語そのものの理解は困難でも、非言語的コミュニケーションによって互いの意図を理解することができる場合がある。あるいは幸せな誤解による協調関係の構築が可能なこともある。後者の場合は逆で、言語があることで、ウソをつくことも可能になり、ウソをついている可能性についての推測が行われることがディスコミュニケーションにつながることもある。

水棲の哺乳類たちとのやり取りは言語を介さないから心豊かにいられるのだろうか。それともやり取りができているというのは完全な幻想であって、あれは単なる自問自答に過ぎず、鏡を見ながら自慰行為をしているようなものなのだろうか。

バベルの塔の逸話が示していることは単に言語体系の離散という話でなく、ヒトに自我が生じたことによるディスコミュニケーションの過程を神の意思に仮託したものと解釈することもできるだろう。世界に数十億いる人々は互いに異なる思いを持ち、別々の世界を見ている。世界は誤解に満ちていて、その思いを完全に共有することは困難だ。残酷かもしれないが、それが現実だ。

しかし、そんな世界に挑むようにして、私たちの脳は言葉を産み出してもいる。言葉は、不完全かもしれないが、本質的に通じることのない各個体の世界をわずかでも結ぼうとする、生命の根源的な希求の果てに生まれた奇跡の結晶のようなものなのかもしれない。

命の水

付き合いで飲む酒ほど、不味いものはない

ウィスキーを一人で飲みに行くようになったのがこの頃のことだ。

これを読んで、「今度ご一緒しましょう」などとお声を掛けてくださる方がいるかもしれないが、絶対にやめていただきたい。私は、酒は静かなオーセンティックバーで、一人で飲みたいのだ。どうか誘わないでほしい。断る心の負担もタダではない。

どうしても誘いたい、ということなら、美味しいコーヒーなら、ご一緒できるかと思う。しばらく前から流行のスペシャルティ・コーヒーも好きだし、キリッとコクのある水出しも好きだ。珍しいコピ・ルアクのフルーティな芳醇さもいい。午後のいい時間を、美味しいコーヒーと実りある会話で過ごすことができるのは、とても贅沢だと思う。

しかしながら、酒は別だ。

付き合いで飲む酒ほど、不味いものはない。

せっかくの素晴らしい酒を、ゆっくり流れる時間とともにちびりちびりとやるのが楽しみなのに、なぜわざわざコミュニケーションなぞというものでそれを汚されなければならないのか。純粋に味わいたいのに、感覚がコンタミ（汚染）してしまう。

これを読んでなお誘ってくる人がいたとしたら、おそらくその人の連絡先は翌日にはもう削除されているのではないかと思う。思う、というのは何だという声がきっとあるだろうが、これは、「人付き合いを大事にしたい私と連絡先を消す私は果たして同一人物なのかどうか問題」というやつだ。人間は、いつでも同じメカニズムで動いているわけではない。

本書ですでに語ってきたように、人間は思っているほど一貫しているわけでもなく、一つの顔しかもっていないわけでもない。

日本は「科学技術後進国」？

さて、大学院も修士課程ならまだ、同級生もそれなりに人数がいて、ある程度のやり取りができたりもするのだけれど、博士課程となるとたんに周りから人がいなくなる。もちろん、人間が消えてなくなるわけではなく、存在はしている。けれど、どうしても話が合わなくなってくるから、それはもう、いないのと同じなのだ。ゲームのＮＰＣ（non player character、ゲーム中でコンピューターが自動的に操作するキャラクタ）のようなものだ、と言えば伝わるだろうか。無視しようと思ってそうしているのではなく、互いに、自然とやり取りしなくなっていく。そうしてできた趣味が、バー通いである。

博士課程、と単語だけ書いてしまうと、大学院のことをあまりしらない人には伝わりにくいかもしれない。いい年して、社会に出ることもなく、大学にモラトリアム的にただ長くいる人たちの総称、くらいに思っている人も少なくないのかもしれないと思うことさえある。それほど、博士課程というのは日本においては知られていないし、役に立たないものだと思われているのではないか。少なくとも、私たちの頃にはそういう実感があった。

教授陣からも幾度となく、日本では、修士の就職はいいけれど、博士の就職は良くないからねえ、変な色がついていたり、生意気だったりして使えないって言われるんだよ、と困り顔で愚痴られたものだ。いまは、どうなのだろう。まあ、そもそも、私の性格では博士課程に進もうが進むまいが、「使えな」かっただろうけれど。

いずれにしても、当時盛んに言われていたほどには科学技術を担うはずの人材育成には手が回っていないなという印象であったし、むしろ、FAXで送られてきた検査データを手入力で職員が地道に集計、オンライン申請のデータを住民基本台帳システムと2人がかりで目視で(!)、一日100件という(コンピューターでやるのに比べると、信じられないくらい遅い)スピードで照合、なんていう話を聞くと、「科学技術立国」が聞いてあきれる。これでは、どう考えても「科学技術後進国」だ。科学技術を根っこから枯らす政策を、長い年月を掛けて実現しようとしていた、というのなら、とても納得できる結果だけれど。

自分にしか見えない絶景

私が在籍していた当時は、修士課程では、各研究室の同じ学年の学生たちが受ける共通の講義があった。しかし、博士課程に進むともう、そんな講義もなくなる。

一日のうち起きている時間のほとんどすべてが、各研究室の中だけで終わっていくような状態になる。研究テーマも、世界で自分だけしかやっていないようなことをやるわけだから、自然とほかの人とは話が合わなくなっていく。

博士課程に進めばだれでも偏屈になっていく、というものではない。だが、博士課程の在り方そのものが、人を孤独にしていく。隔絶されたテーブルマウンテンの上で、独自の進化を遂げていく生物種のようなイメージといえばいいだろうか。あるいは、ほかにどこへも通じておらず、これまでに誰も、一度も通ったことのない洞窟へ入り、奥へ奥へと進んでいくような感覚といったらいいだろうか。

孤独が悪いとか、不快だとかいっているわけではない。ただ、誰とも通じ合えない世界が自分の中に広がっていくのである。

まるで、自分にしか見えない絶景を、誰にも伝えることができずに毎日一人で見させられているような気分だ。

パンと痛み

体は悪くないのに、何かが痛い

Pain は英語では痛み、フランス語ではパンである。

L'homme ne vit pas seulement de pain.
人はパンのみにて生くるにあらず

けれど、ここでpainを〝痛み〟とわざと誤読するのはちょっと面白い。

人生は痛みばかりでできているわけではない、というような、どことなく本義とは別の教訓めいた文になる。人生には、痛み以外もある、という解釈になるのか、パンと痛みというモチーフは、思考の遊びを誘うようなところがある。

フランスに行くことを決めたのは博士課程修了の1年前だった。こんなことを考えていたのは、1年でなんとか片言でもやり取りできるようにならなければ、と付け焼刃で焦ってフランス語を勉強していた頃のことだ。

生きるということは痛みの連続だ。

それでも、肉体の痛みならまだマシだと思っている。

私はずっと子どもの頃から片頭痛に悩まされているのだが、これは確かにつらいものではある。

けれど、体にはどこにも悪いところがないのに、何かが痛い、ということがある。

息をするのが苦しい。夜中に目が覚めてしまう。原因のわからない不安と恐怖。鬱かなあ、と理性的に判断する私をおしのけて、どす黒いしみは広がっていき、ついには私の全体を覆ってしまう。飲み込まれた私は部屋から一歩も出られない。

それでもまだ時計仕掛けのように私は動くことができた。心の眼は閉じたまま、機械のように服を着替え、化粧をし、靴を履いて、玄関のドアを開ける。仕事をするときもその処理はバッチ化されていて、ボタンを押すだけで自動的に動くように組み上げてある。

そんなときの私と話している人は、私と話しているのではなく、人工無能と会話しているようなものだ。私という人形に向かって自問自答しているだけなのだ。それでも私と話ができたと勘違いしてくれるのなら、ありがたいと思った。

痛みがないと生きている感じがしない

この黒い痛みをなんと呼べばいいだろうか。不安？　恐怖？　臨床的にはそうかもしれないけれど、どれもしっくりこない。

頭痛と同じで、この痛みもなければないほうがいい。持っていれば苦しいことは確かだ。頭痛と同じどころか、もっと苦しい。息をするのもやっとという状態にすらなることもある。

おかしいと思われるかもしれないけれど、当時は、この黒い痛みがないと私は生きている感じがしなかったのだ。この痛みを愛している私と、それを忘れて生きている今の私は、同一人物ではないような気さえする。

病みと書くべきか闇と書くべきか、ひょっとしたらこれらは語源を一にする単語だろうか？　黒い痛みを抱えた私は、おのれこそが賢いと感じていた。ものごとをより精細に感じ、より一つのことを精細に吟味し、多くのことを考えられると思っていた。

直線的に生きているそのへんの意識高いバカとは違うんだよ――そんな根拠のないプライドまで加わって、客観的に見たら気持ちの悪いことこの上ない人間だったと思う。今思えば、恥ずかしいを通り越して、不気味ですらある。

そんなプライドの高さと気持ち悪さを自覚もしていないわけでもなかった。その軋《きし》みもまた自分を苛《さいな》んだ。けれど、このひりつくような軋みが、喉を焼く強い酒に似ていて、やめられなくもあった。

この世界は正視に堪えない。すくなくとも私にはそんな強さがない。痛みという麻薬に酔わされているのでもなければ、とても歩いていくことができない。

当時の自分は若くて粋がり過ぎていて、記憶を掘り起こすのがかなり恥ずかしい。

躓きの石

大学の存在意義

大学院生の頃はずっと文京区の、東大の本郷キャンパスの近くで一人暮らしをしていた。会う友達も多くはなかったし、先生も厳しく教育するといったタイプの人ではなかった。その上、決まった講義もほとんどない生活だから、ご多分に漏れず昼夜逆転してしまっていた。

夜に研究室に一人でいるのは好きだった。人によっては、こんなホラー映画の舞台になりそうな、夜の研究室になんて足を踏み入れるのもまっぴらだと思う人がいるかもしれない。けれど、私はそういう類のものはむしろ好んで見るほうだし、独特の静かな雰囲気には、他では味わえない清浄さがあった。

工学部も医学部でも、そこそこ年季の入った教室にいたので、いろいろなものが雑然と積まれていて、面白くもあった。あまり表立ってはっきりとは書けないが、前にいらした先生方が残したとみえる〝聖遺物〟もあった。たとえば廃棄するのには特殊な処理が必要な、それなりの量の放射性物質とか。

夜には、キャンパス内をよく散策もした。治安のいい場所にある大学だからできたことだろうけれど……。外れの方にある廃墟然とした古い温室が好きで、奇妙な形をした植物をただ眺め、この植物たちは世界でここにしか存在しない新種なのだろうか、その子孫たちはどんな未来を見るのだろうかと延々と妄想にふけって過ごしたりしたものだ。

大学の良さは無駄なことを考えていてもよいところにある、あるいは、あったはずだ。むしろ、役に立つことをあからさまに考えるのはあまり格好よくないことだと、少なくとも私がいたころにはまだそういう空気があったと思う。明日の役には立たなくても、３００年後に役に立つかもしれない。それが大学の存在意義なのだと。

明日役に立つことなら、民間がやるほうがよい。商業ベースに乗るなら大学がわざわざ、科研費という形で税金を使ってアカデミックがやるのに意味があることだとはいえないのではないか。大学のすべきことは、明日役には立たないかもしれないことを、活かし続けることのはずではないのか。

けれど、税金を原資にして資金を与える側は、どんなに形式的なものであっても、エクスキューズを求めるものだ。アカデミックは構造的に軋み出していて、いつまでもこの仕組みが続くものではないのではないか……。そんなことを思ったりもした。

講義がないのをいいことに、大学の前を素通りしてそのまま遠くへ行ってみたりもした。暴力的なほど眩《まぶ》しい新緑の季節に、あるいは、鳥肌が立つほど爽やかな秋晴れの日なのに、研究室にこもっているなんて人生の無駄遣いじゃないか、などと自分勝手な理屈をつけて。

誰かに会うのは好きではなかった。電話も嫌いだった。行き先を決めずにどこかへ、一人で出かけていくのが好きだった。今でもそれはあまり変わらない。

息をするのも重い夜

ただ、自由過ぎる生活の弊害もあった。やるべきことをやらないツケが回ってくるという以上に、夜、なかなか寝付けなかったり、中途覚醒を頻繁にしたりした。今はもうすっかり、そんなこともなくなったわけだけれど、当時は、昼起きていることと、夜眠ることにひどく難儀したものだ。昼すっきりと起きていることができ、夜ぐっすりと深く眠ることができたらどんなにいいかと思っていた。

次第に、夜になると濃さを増していく影が怖くなった。喉元にこみ上げてくる苦み、胸につかえるような重苦しさからどうやって逃れたらいいのかと考えあぐね、夜が来るのに怯《おび》え、疲れてしまった。このまま明日、目覚めずにいられたら……という考えがふと頭をよぎったりもした。

端的に言って、鬱じゃないか、と客観的に見れば思うわけだけれど、当時は苦しむだけ苦しんで、特に対処することをしなかったのだ。理屈では理解できたはずだし、対処もできたはずなのに、自分を粗末にした。今にして思えば、愚かな女だったな、と思う。けれど、人間の20代なんてこんなものかもしれない。

健常な人であれば、ただ時をすごしていればそれだけで、自然と明日へたどり着くことができる。だが、闇を抱えている人間は、そうではない。

一秒一秒がとても重い。そもそもまぶたをあけることですら困難だ。待っていればやってくる明日すらも疎ましく、体を寝床から引き出すことさえ、大きな労力を必要とする。

一歩も踏み出せない。

もう明日へは行かない。と思いながら夜ごとベッドに入る。

息をするのも重い夜は、一緒に生きていくだれかではなくて、この先何十年か続く監獄のような生を、ゆっくりと一緒に死んでくれるだれかがいたらいいなと思った。

結婚は墓場だ、という手垢のついた言葉も、こんな解釈ならずっと甘美に聞こえる。何十年かをかけて一緒に死んでいける人と、際限なく暗い闇の中であたため合いながらその日を迎えるのを楽しみに待つという墓場。

けれどもうそこには相手の幸せを願うだのというような気持ちはない。何ならもう相手は誰だっていいのだ。ただ自分の闇を、相手を道具にして埋めてしまいたい、という昏《くら》い欲だけがあった。

そんな相手がいないわけではなかったが、恋などという生易しいものではなく、あまりに近づき過ぎ、どちらも疲弊した。

できれば避けて通りたいもの、関わり合いにならずにやり過ごしたいもの、これらをかつて躓《つまず》きの石と呼んだ人たちがいた。ギリシャ語では *σκανδαλιον*（スカンダリオン）という。英語の scandal の語源である。

いかにもそれに躓いて転びそうに見える石がそこにある。その道を通る多くの人は、躓いて転ばないようにそれを避けて歩く。イエスも、その躓きの石が進む道の先にあると知って、これを避けようとする。しかし、避けることに失敗して、まんまと躓いてしまうのだ。

けれど、この躓きの石こそが、救いの源になると聖書は説く。

それが本当だったらいい、と思った。

絵師金蔵

冷たくて寛容な土地・東京

ステイホーム、というので家にいる時間が長くなり、過去のファイルや写真を整理していたら、もう10年以上も前に、大学院時代の友人と根津神社へつつじまつりを見に行った時の記録が出てきた。

その年は例年になく冷えて、つつじは普通ならこの時期まで持たないのだけれど、寒さは花を愛でる私たちの味方をした。忙しくてなかなか予定が合わなかった私たちに合わせるようにちょうど、花の盛りにあるつつじを見ることができたのだ。

当時から散歩するのが好きだった。東京を散策して、このパッチワーク都市の面白さも知った。アートとしての建築に私が興味を持っているのは、この時期に端を発する。

東京は、一人でいるのに向いている都市だ。おひとりさま向けの食事を提供する店、小売り以外にも豊富なサーヴィスを24時間提供してくれるコンビニエンスストア、縦横に張り巡らされた公共交通機関網。さらに地域コミュニティはほぼ壊滅していて、身を隠すことも容易にできる……。これほどインフラが整っていて、清潔で、一人でいることを許してくれるような冷たくて寛容な土地は、他にはないのではないか。私は、東京が好きだ。

米国人屏風絵師との出会い

さて、このつつじまつりの時には、根津から谷中方面へ歩いて、ラムネをなつかしいねといって飲んだりしながら、店を冷かして楽しんだ。本家の金太郎飴の店があり、工夫を凝らした飴の細工物の数々に目を瞠《みは》った。もう何年も前から観光地のようにブランド化する取り組みが続けられていて、小さいけれども一風変わった個性のある面白い店が多く、歩くだけでも楽しかった。漆塗りのガラスの器。ねこだらけの家。

谷中墓地に入るあたりに、今でも屏風絵師のアトリエがある。絵師は、栗色の髪に緑色の眼が印象的な米国人である。日本人ではないけれど、日本画を描き、日本語を流暢に話し、物腰も柔らかな人だ。ワシントンDCから日本にやってきて、東京芸大に入学し、加山又造のもとで修業して、修士号まで取っている。

このアトリエで、当時、私は画材に興味を持ち、顔料の素材となる鉱物や保存についての化学知識の話でひとしきり盛り上がった。自分は応用化学科の出身なので、素材の話となるとつい突っ込んで聞きたくなってしまったのだ。

そして、彼の来歴と宗教についての話をした。ややデリケートな話題でもあり、こういった内容ではきっと多くの人に同じ質問をされて、飽き飽きしてもいるだろうな、と申し訳なく思う気持ちを伝えると、もちろん多くの人から同じ質問をされますが、そう言葉に出して恐縮していると言ってくださるだけでうれしいですよ、とこちらを気遣うようなお返事をくださった。

そのお返事からしてもう、日本人以上に日本人のようだ、と思った。この人は本当に日本が好きで、日本人になりたいと願うような気持ちでここにいるのだなという心が伝わってくるような気がした。

この前年の冬には、パリでお能の舞台の松羽目を描いたりもしたそうだ。どんな日本画家が好きか、これからどんなクリエイションをしていきたいか、という話もした。

ひとしきり語ったあと、彼は、絵金さん、を知っていますか、と言って、画集を奥から持ってきてくれた。そして、高知に行くことがあればぜひとも、この美術館に立ち寄って御覧なさい、と言った。

そして、彼が歌舞伎役者の友人からもらったという舞台用の簾《すだれ》を見せてくれた。この行き過ぎとも思えるほどの色鮮やかさをごらんなさい、という。見れば、どぎついほどの色使い。現代人の基準からしても、ド派手といえるようなこの色彩は、役者絵についても同様であるという。

なぜこんな色を使ったのか、わかりますか?　と絵師はいう。

つまり、これらの絵は、まぶしい蛍光灯や日光の元で見る絵ではない、ということなんですよね、と、彼は説明してくれた。

高知のその美術館では、なんと提灯の灯りで、うすぼんやりと絵を見せてくれるのだそうだ。

自分の感情すらも画題とする

この「絵金さん」こと絵師金蔵は、幕末の絵師で、狩野派の幕府御用絵師に師事し、10年かかる修業を3年ほどで修めた天才であったという。

しかし、贋作を描いたという嫌疑により（彼を妬んだ者達による謀略であったと言われる）、高知城下を追放された。

のちに、弘瀬金蔵の名で絵を描き始める。

苦悶の表情と鮮烈な血の色、それと呼応するような毒々しい緑。

画面全体に漂う不気味な気配。

彼自身を追放したものに対する怨念が、絵具とともに塗り籠められているようにも見える。

けれど、実際はどうだったのだろう？

妬まれて謀略に遭うような、誰もが心をざわつかせるような凄い絵を描くような天才。もしかしたら、世の中の事に心乱されるような時期はあっという間に過ぎて、もはや創作に没頭する中で、それらの感情は漂白され、絵師として自分の感情すらも画題として描きこなすような境地に至っていたのではないだろうか、とも思うのだ。

私の毒々しい感情もまた一つのテーマとなって、今この本を書いているのも不思議なものだ。

この異国の絵師はまだ谷中にアトリエを構えている。

別れ際に、いつか私は本を書けるようになりたいんですよね、とつぶやいたら、あなたならきっとできますよ、こうして言葉にして語っているのだから、とやさしく励ましてくれた。心理学でいう、予言の自己成就を、彼は知っていたのだろうか。

そのうち、本をもって、訪ねて行ってみようかと思っている。

4章　終末思想の誘惑
——近代の終わり　1990〜1999

終末を思わせるような言動には
どこか中毒的な甘美さがある。

東京大学

東大女子は第三の性別？

駒場の時の思い出の白眉は、何といっても面白い人たちに出会えたことにある。どうあがいても勝てない天才たち、努力の怪物のような秀才たち。自分の性格はおかしいと言われ続け、本当におかしいのだと思い込んでいたけれど、もっとおかしな人たちがたくさんいる環境だったのだ。

女子は数が少なく、94年入学の私の代で16％程度だったと思う。約1／6の割合だ。工学部に進学するとさらに女子が少なくなり、応用化学科は私の代で50人中5人。応用物理だと学年に1人とかゼロの年もあった。

名門の男子校からくる男子生徒たちの特徴的な振る舞いも記憶によく残っている。きょうだいに女性がいるのでもなければ、女性に慣れていない人が多く、最初はコミュニケーションもぎこちない様子だったから、むしろ安心できた。

女子たちも、無駄に面白い知識を持っていて、楽しかった。オタクくさい話題を振っても打ち返してくるし、メイクの話をしてもあのコスメは酸化チタンの粒子が細かくてカバー力があるけど、肌荒れが心配、とか、人文科学系の教養を幅広く持っている人の話も楽しく、豊かな時代を過ごしたと思う。

ただ、女子の場合、東大に入った時点で「第二東大生」とでもいうような扱いになる面があった。私の所属していた自然科学系のサークルではそういったことはほとんどなかったが、一方で東大の女子学生は入れないというインカレサークルが存在したし、入れるサークルでも、例えば飲み会で男子5000円、女子1000円、東大女子は3000円というように区別されているところもあった。

つまり東大女子は、男子でも女子でもない、いわば第三の性別といってもいいような扱いなのである。これはこれで面白い現象ともいえるが、当時は何とも釈然としない気持ちにさせられたものだ。

東大に女性が少ないのもそうだが、なぜか理系にも伝統的に女性がすくない。まさか国立大学の入試で、東京医大のように性別が女であるというだけで入試の得点が「調整」されてしまうことはないだろうとは思うが、そもそも受験する人が少ないのだ。

東大に行くと結婚できないんじゃない？　などと親世代、祖父母世代の人間たちから、かなりの頻度で脅されたものだ。これだけ女性が少ないところを見ると、これは私だけに限った話ではないのだろう。

また、女性であるだけで、「女の子『なのに』数学ができるんだね」と謎の褒められ方をしたものだった。そうした中で、徐々に私たちは「理系」であることと「女」であることは両立しないものなのだ、という、根拠は浅いが根の深い通念を刷り込まれていく。実際に結婚できないかというと意外と在学中の状況は逆で、圧倒的に男性が多い環境にあるため、女性は私のような十人並みの容姿であってもかなりちやほやされるし、相手に困るということはあまり考えにくかった。

自分よりデキる女が嫌いだ、と公言する愚かさ

ただし、一般的な社会におけるいわゆる「女らしさ」とは異なる資質が、特に理系であるならば、女性であっても要求されるということも、確かなことではある。まず大学院生なら、自分の意見は堂々と主張する必要があるし、控えめであることが学問にプラスに働くことはほとんどない。何より、男性のプライドを傷つけることをおそ

れていては何もできない。

とはいえ、理系の女性、となると、物珍しさから興味をそそりはするだろうが、これほど従来の男性たちの理想から遠い存在もいないのではないだろうか。まあ、自分よりデキる女が嫌いだ、と公言するような男性は、自分にまったく自信がありません！　自分はデキない男です！　と公言しているのと同じことであって、それに気づきもしないような愚かな人であるわけでもある。まあ、直接の利害関係を持たないに越したことはないのだけれど。

ただフラットな関係で、楽にコミュニケーションをとりたいだけなのに、それができる人はすくない。いわゆる昭和の価値基準で展開される世界の中には、女性に楽をさせることを良しとしない文化が強く根付いていて、この中では頑張ってもたかが知れている、と思い始めたのもこのころのことだ。ノーベル賞を受賞した研究者にスポットを当てた、記事や番組や書籍などで、妻の「内助の功」がクローズアップされることがある。そのたびに、がっかりする。

女性の活躍を支える夫の「内助の功」というのはあまり見られないし、あってもほとんど語られない。もし語られることがあったとしても、ほとんどの場合は「女の尻に敷かれてかわいそうに」という視点とセットである。この国では、誰一人として女性はノーベル賞を取っていないし、取ろうというインセンティブも薄いのではないか。日本はまだ、そんな国だ。

終末思想の中毒的な甘美さ

世界が終わる、という言葉の魔力

このころ、世紀末的な事件や不安感を煽る本が売れたり、テレビ番組なども流行したように思う。誰もいない、終わりの世界。

私は中野正貴さんの『TOKYO NOBODY』という写真集が好きで、しばしば本棚から出しては眺めている。コロナ禍のさなかの東京を歩くとそんな風景がリアルに見られて、どこか予言的な写真集のようにも感じ、何度も見返してみたりもした。2019年には東京都写真美術館で展示があったので観に行ったのだったが、誰もいない都市の風景はなぜだか魅力的だ。

なぜそんなに多くの人を惹き付けるのか、今もうまく説明できないのだが、もしかしたら、誰しもが「終わり」の光景を望んでいて、それを見たい、のかもしれないとも思う。どこか終末を思わせるような言説には中毒的な甘美さがある。世界が終わる、という言葉には心をとろかすような魔力があって、人々を誘う。人間は「終わり」のイメージが好きなのだな、と思う。

大きな事件があるごとに、私たち人間は、もう終わりだ、いよいよこれでおしまいだ、終末が到来した、などと騒ぐ。また、単なる数字遊びや、偶然の一致などをことさら取り上げて、XX年に人類は終わりを迎える、などと断じる言説も定期的に登場して話題になる。本当かどうかなど誰にも分からない、反証することの不可能な論だけれど、人々はこうした言説が本当に好きだ。むしろ偏愛しているといっていいくらいかもしれない。

近年ではオカルトめいたものならマヤ暦のカレンダーが２０１２年に終わるという説が話題になった。20世紀の終わりには１９９９年の7の月に人類が滅亡するという説が広く多くの人の口の端に上った。出版界の人々も、これでかなりうるおったのではないだろうか。

実際の大事件や災害を契機に起こった言説であれば、枚挙にいとまがない。１９

86年のチェルノブイリ原発事故、1995年の阪神・淡路大震災、同年の地下鉄サリン事件、2001年9月11日のアメリカ同時多発テロ事件、2011年3月11日の東日本大震災、そして今回の新型ウイルスのパンデミックだ。

こうした大きな事件があるごとに、終わりだ、滅亡だ、アフター○○の世界は、と、専門家ではないにもかかわらずいわゆる「意識の高い人」が、どこかで聞いたことのある話をコラージュにして、あたかも自分のオリジナルの思想であるかのように飽きもせずまとめあげる。その労力の掛け方は、あまりにもテンプレート的なので可笑しいどころか、むしろ見ていて感心してしまうほどだ。

もちろん日本だけに限った話ではない。単にビジネスとして割り切って、ここが売り時だとばかりに注力しているのであればそれはそれでパワフルなことですごいと思うが、意外にも本気で、自分がここで立ち上がらなければ国家や世界が破滅する、と信じ切って熱心にSNSなどで発信し続ける人には恐れ入る。

多少絡みはあるのかもしれないが、特に政府の人間でもなんでもない人がである。絡みがあるならそのルートで伝えれば十分だろうと思うが、SNSをわざわざ使うのがまた面白いところだ。

何事もない世界に耐えられない

あまり斜めから見るばかりでも食傷してしまうだろうからもうすこしまともな例を挙げれば、著書『歴史の終わり』で多くの人を魅了したフランシス・フクヤマの提唱した「終わり」の概念を取り上げるべきだろう。

考察そのものも興味深く刺激的であったけれど、終わり、というタームそのものの持つ魔力が人々に響いたという側面にも着目した方が良いかもしれない。「新しいパラダイムの始まり」としてももちろん意味としてそう間違ってはいないわけだけれど、人々は新世紀の始まりよりもずっと、世紀末の方が好きなのだ。

ともあれ、黙示録や千年王国、末法思想を例に挙げるまでもなく、人間は永遠に続く安穏とした何事もない平和な時代よりも、何某《なにがし》かの大事件をきっかけとした終末の方をなぜか好む。小説でも、映画でも、アートでも、漫画でも、アニメでも、ゲームでも何でもよいが、終末を題材とした作品がどのくらいあるのか、どれほど昔からそういった作品が作られ続けているのか、調べてみれば面白いだろう。

クリスチャンでもないのにミレニアムを異様に寿《ことほ》ぐ日本の姿というのがなかなか見

ていて面白かったけれど、何事もないという世界に耐えられないという仕組みは多くの人間の共通の基盤かもしれない。

少なくとも私たちは二千年以上、終末を冀《こいねが》っている。けれど、今回もまた私たちは生き延び、終わりのない世界を生き続けることになるだろう。あたかも不死の体を毎日、猛禽《もうきん》についばまれる責め苦を負ったプロメテウスが、頭の片隅では甘美な死を願いながらも、生きながらえてしまうようなものかもしれない。

自殺

誰もが好きになる先輩の死

明るくて正しいメッセージを発し続けていると、かえって闇が深くなることがある。自分が満たされていないのは、自分がおかしいのだ。ポジティブになれないのは、自分に良くないところがあるせいだ。そうやって自分をひそかに責め始めて、止められなくなるのである。

こういう人は外側に向けてはつとめて明るいメッセージを発し続けているから、外側から闇を見つけて介入することは、ほとんど不可能だ。そして、一人で抱え込んで、気づかないうちに溺れていくのだ。そうやって死んでいった人が過去どれほどいたことだろう。

私が助けられなかった、親しくしていたはずの大学時代の先輩に、そんな人がいた。まだ、彼女の死のニュースを受け取った日のことを、折あるごとに思い出してしまうことがある。

私より一学年上の、法学部の先輩であったので、豊田真由子さんや、山尾志桜里さんと机を並べて講義を受けていたはずの人だ。快活な美人で、新しい物事には積極的に挑む質《たち》でもあり、頭の回転が速くて会話が面白く、性格もさっぱりとしていて、誰もが彼女のことを好きになってしまう、そんな人だった。

今思えば、だからこそ、危なかったのかもしれない。もっと意地汚く、もっと欲深く、自分の利得を追求し、プライドも高く持って強く開き直って生き延びていける人だったら。そうしたら死なずに済んだのではないか。友人は多少減ったかもしれないけれど、本当に理解してくれる人は残ったはずだ。

ポジティブな言葉で自信を喪失する

私が嫌いだと先述したポジティブ心理学が台頭してしばらく経つが、自分に非があると人知れず自責的になるのを助長して、かえって鬱になる例が増加していると訴える学者もいる。

たとえばボードン大学の心理学者バーバラ・ヘルドは、前向きな姿勢を強要されることによって、心理的な回復を妨げてしまうと警鐘を鳴らす。落ち込んでいること自体が落伍者である証拠のように受け止められ、苦しいときでも笑うことができない者はダメな人間だ、楽観的になれない者は劣った人間だというメッセージを暗に与えてしまうからだ。

にわかには回復が難しい深い悲しみのなかにあっても、乗り越えられないあなたが悪い、と突き放してしまうような明るい高慢さが眩しく輝いていたとしたら、誰かに助けを求めようとするまともな判断さえも、糾弾の対象になってしまう。苦しんでいる人間は自分の抱えている闇の重さにますますうしろめたさを覚え、誰にもその苦しさを吐露することができず、人知れず静かに暗い海の底に沈んでいく。

ヘルドは、ポジティブ思考の強要がもたらす波は二段階で襲ってくるという。一段階目はまず、苦しみを感じている自分自身を嫌悪するという波。二段階目は、そこから抜け出せない自分、ポジティブ思考になれない自分がうしろめたく、罪悪感を覚えてしまうという波。

彼女の主張を支持するデータはいくつもあり、ポジティブな言葉を使うことで逆に自信を喪失するケースがあることがわかっている。また、ポジティブになるべきだと周囲に思われているという環境下では、却《かえ》って人間はネガティブな感情を抱きやすくなってしまうことも明らかにされている。

しかし、前向きでいられないのはその人の心の問題などではなく、苦しい時には前向きになれる方がむしろおかしい。苦しい時には苦しくて当たり前だ。表では、彼女は「清く正しく明るくあれ」と、言外のメッセージを敏感に受け取ってしまう人だった。だからこそ、その分だけ、裏ではその澱《おり》を、どこにも零《こぼ》すことができなくなってしまったのではないか。今でも悶々と考えてしまう。

溺れる人は、静かに沈んでいく

本当に溺れている人は溺れているようには見えない。溺れる人は、静かに沈んでいく。これは比喩ではなくてまさに文字通り、そうなのだ。

ボートから落ちた誰かが、水面にいて、ボートをじっと見上げているとしよう。一見、何の問題もないように見えるかもしれない。このとき、大丈夫？　と一声かけて、大丈夫、と返事がかえってくれば、状況は特に深刻ではない。けれど、何も返事が返ってこなかったら、この人を即座に助けなければならない。生理学的に、溺れている人にとって、声を上げて助けを求めることは不可能だからだ。

呼吸器系の第一の目的は呼吸すること。息を吸うのがやっとの状況では、声を出すことは二の次になり、助けを呼ぶことはできないのだ。口は水面を上下して、水面の上へ出ている瞬間は呼吸をするのが精一杯で、声を上げられる余裕などない。水面より上に口が出た時には、また沈む前に急いで息を吸い込むくらいしかできない。

そして、溺れている人は頭を水面よりも上になんとか押し上げるため、水面を押しさげる動きをとり、腕を横に伸ばしてしまう。だから、手を振って助けを求めることもできない。こうした本能的な反応の最中に、腕の動きでサインを送るなどという冷静な行動はとてもではないが取れないのだ。

溺れている人のこうした反応は静かなもので、誰もが気づかないうちに、一人でいつの間にか沈んでいく。もう二度と会うことができなくなってしまう前に、大丈夫？と一声かけることができてさえいれば。答えが返ってこなかったときに、命綱を投げることができていさえすれば、その人は助かったかもしれない。手の届かないところへ行ってしまった後で、こんなことをいくら嘆いても、せんかたないことではあるのだけれど。

ネガティブな思考には独特の中毒性がある

抑うつ的な状態に悩まされる人は多い。うつ病と診断されるわけではないにせよ、一生のうちうつ的な状態を16人に1人は経験するという計算もある。今更、説明するまでもないだろうが、気力を失い、何もしていないのに常に疲れていて、食べることも眠ることもままならず、引きこもりがちになり、希死念慮が消えないような状態のことだ。

抑うつ的反芻、と呼ばれる思考の習慣がある。ネガティブなことを考え始めると、だらだらとどこまでも下降していく螺旋《らせん》階段のように、その思考は暗さを増して、いつしか光が届かなくなる。どうやって抜け出していいのかもわからなくなってしまう。自らの過失や弱点について無意味に考え続け、反芻して、自分を攻撃する痛みに半ば中毒的にハマってしまうと、これが抑うつ的な気分を強めてしまう。反芻する習慣のある人ほど、落ち込みやすく、ストレスに弱いという。

サンフランシスコ在住者を対象に行われた調査では、反芻傾向があると自己評価を下した人のほうが、大地震などの災害を経験した後に、抑うつ症状を示す傾向が有意に高かったという。

ただし、この抑うつ的反芻にも、意義がないわけではない、とする考え方もある。自分の欠点や問題について考えることそのものは、よりよい明日を生きるための大切なプロセスだ。自らの過ちから学ぶことは、過去の経験を活かして今後、よりよい生き方をしていくための重要な材料となる。抑うつ状態を一過性に経験することになったとしても、これが、総合的に見て価値のある思考様式であったから、今まで保存されているのだ、と考える方が妥当であるように思える。

ネガティブな思考には独特の中毒性がないだろうか。ポジティブなことばかり考えていると、その閉塞感に苛まれ、自分が世間に対して向けているこの皮一枚をめちゃくちゃに掻き破ってしまいたくはならないだろうか。

私はすくなくとも、ポジティブ思考だけでできている人を見ると、あまりに不自然で、息が詰まるように感じ、苦しくなってきてしまう。その人が押し殺して自分自身にすら見せない澱が、その人の中に溜まっているのを、表情や言葉の端々から透かして見ることができてしまうと、もう悲しくなって、目をそらさずにはいられなくなってしまう。

うつの被験者の方が成績がよかった

ところで、抑うつ的反芻をしがちな人と、そうでない人を比較した実験がある。この実験では、被験者に意思決定タスクを行わせている。仮想的な求人活動を設定して、そこで、最も優れた人材を採用してもらうというタスクである。

求人に応募してくる応募者にはそれぞれ金銭的価値が設定されていて、応募者はランダムな順番で被験者に示される。人材採用をするときに、どういう判断を被験者が下すのかを見るのがこの実験の目的である。

こうしたタスクを与えるとき、プロの人事採用でもない限り、素人である被験者は確たる採用基準もなく、容姿や性別など、個人的な好みや気まぐれなどで評価をするのではないかという疑義も呈される。

翻《ひるがえ》って、私たちの日常の意思決定はどうだろうか。ランチに何を食べるのか。どの靴を履くのか。誰とデートして、そこにはどんな服を着ていくのか。意外と、意識には上らないかもしれないけれど、私たちは毎日、意思決定をしているし、個人的な好みや気まぐれもそう考えるとある一定の傾向を持っているらしいということがわかるのではないだろうか。

さて、いつまでも決められないより、ある程度の速度でサッと決められる人の方を私たちは決断力があるなどと言ってもてはやす。どれだけの選択肢を検討すれば十分か。選択肢の検討をストップして、決定を下すべきときは一体いつなのか。人事採用をさせるというこのタスクは既知の最適戦略を持つよう設計されている。詳細は省くが、ある決まった数の選択肢を検討するのが、最も優れた意思決定者ということになる。

興味深いことに、この実験の結果、うつである被験者の方が、うつでない被験者に比べて、最適戦略に近い戦略で採用を行ったのである。うつの被験者は、うつでない被験者よりも多くの選択肢を検討し続けようとし、人事採用タスクの成績もずっとよかったのである。

うつでない被験者は、なんと、考えることを怠る傾向が強く、比較検討に十分な数の選択肢を検討しようとせず、要するに適当に済ませようとしたのだった。

抑うつ的反芻は知性の反映かもしれない

この結果を受け、抑うつ気分は、複雑なタスクを遂行する場合や困難な状況下では、より良い決定を下すのに役立つのではないか、という主張をする研究者もいる。実際に、要求度の高いタスクでより適切な戦略を考えるのはこうした被験者だというのだ。

例えば、オーストラリアのある大学における実験では、死とガンについての短編映画を見せられて憂鬱な気分に陥った被験者のほうが、噂話の正確さを判断したり、過去の出来事を思い出したりする課題の成績が良かったという。

さらに重要なことは、見ず知らずの人をステレオタイプ的に分類する傾向が大幅に低かったということである。つまり、外集団バイアスに対して自覚的であり、それを自省しながら抑えることに成功していた、ということになる。

うつなどの気分障害は、人生における諸問題を効果的に分析し、対処可能にするという目的のために生まれた、脳に備え付けられた仕組みの一つなのかもしれない。たしかに気分は良くないものだ。けれど、抑うつ状態が存在せず、ストレスもトラウマもなく、自身の問題について深く長く反芻的に思考するという習慣がなければ、人間は、ひとたび自分が困難な状況に置かれたとき、その苦境を脱することが難しくなってしまうのではないだろうか。

私たちの現在の繁栄は、ネガティブな抑うつ的反芻によってもたらされたものかもしれないのだ。そして、抑うつ的反芻ができるということこそが、知性の反映であるのかもしれない。

彼女が今生きていて、法曹界、政治の世界でその能力を発揮できていたら。あるいはメディアの世界に進出していたなら、としばしば夢想することがある。もしメディアに出ていたなら、私など足下にも及ばないほど、華々しい活躍を間違いなく見せていただろうと思う。

私は、彼女のことを思い出すたび、彼女の分も何か為さなければいけない気がして、自分はまだ死ぬわけにはいかない、と思うのだ。

頭痛

足音すら頭に響いてくる

私の人生の80％は頭痛でできている。

というのはやや言い過ぎかもしれないが、うんざりするほど頻度が高いのは確かで、一番ひどかったのが中学生の頃だった。始まったのはもっと前で、子どものころからずっと慢性的に悩まされ続けている。

この頭痛がなければ、私はもっといろいろなことができたはずだった。そうやっていろいろな失敗を、頭痛のせいにしたくなる私がいる。もっと忍耐力が必要な場面で、どうにか耐えて乗り切ることができたのではないか。気難しい顔を見せずに済んだ相手も、たくさんいただろう。これさえなければ、もっともっと仕事ができたはずだったのに、と泣きたいような気分にもなってくる。

それに加えて、めまいと耳の不調が出ていた時もあった。世界がどうやっても安定しない。自分の声すら機械の声のように聞こえる。こんな様子では、友達などできるわけがない。

発作が起きてしまうと、ちょっと話しかけられても痛みが増すから、誰とも近づきたくなくなる。光に感じるから、カーテンをいきなり開けられるのもつらい。ひどい時には、足音すら頭に響いて涙が出てくるようなありさまで、あまりの痛さに、ちょろちょろ動くなよ、と同級生を怒鳴りつけてしまったことすらある。どんなに気難しく、付き合いにくい人間だと思われたことだろうか。

念のためにＭＲＩを撮ったら松果体に嚢胞《のうほう》が見つかった。特に悪さをするものではないと医師はいう。自分の知る限りでも、嚢胞であれば対して大きな影響はないという知識はある。松果体は手術のしづらい場所にあり、嚢胞程度で外科的な手段をとるというものでないということも知っている。

ただ、ひょっとしたらこれのせいじゃないのか、と思ってしまいたい気分もある。私があまりに気難しく、寝つきが悪く、めまいや耳の不調があり、ひどい頭痛が絶えないのも、このせいなのではないのかなと思ってしまいたくなるのだ。

「第三の眼」が閉じている

松果体というのは、大脳の左右の両半球の間、視床の上部にある構造体のことで、サーカディアンリズム（日周期）を司っていると考えられている。「第三の眼」という別名がある。

ヨガやスピリチュアリズムに興味のある人は、この言葉を聞くと前のめりになってしまうのではないだろうか。私はあまり詳しくはないのだが、松果体に異常があるならそれは「第三の眼」が閉じている、というスピリチュアル風な解釈ができるのかもしれない。

確かに頭痛で何も考えられない時間というのは、肉体的な痛みは強く、つらいけれど、不安なことに目を向けていられる余裕はなくなる。苦しいことを考えずに済む。実は、メンタルな部分に着目すればずいぶん、頭痛に助けられているのかもしれない。

見なくても済むことを見てしまうのが「第三の眼」なのだとしたら、そんなものはない方がいいのではないだろうか？　なぜ多くの人は、見なくてもいいものを見たがるのだろう？

あまり深いことを考えず、あっけらかんと、浅く広く単純な人生を、送ってみたかった。だがそれは到底かなわぬ望みだということは、自分がよくわかっている。だから、時には目を瞑《つむ》ってみたくなる。もしかしたら私があまりにもいろいろなことを感じすぎるので、体の方が先に反応して、世界の諸表象を見なくて済むように調整しようとしているのかもしれない。

科学、人間の業を超克するための芸術作品として世に問う

自分の性格がおかしい理由は脳にあるのではないかと思ったというのには、科学への親和性の高い子どもであったという事情が大きいかもしれない。もしかしたら、人体、そのなかでも脳には未だに機能のよくわからない部位があって、その欠損が自分にあるんじゃないだろうかと思っていたのだ。

父親の友人には面と向かって「扱いにくいねえ」とうんざりしたように言われてしまうし、自分はよほどおかしいにちがいない、これはどうにかしないとまずい、と日

に日に焦りがつのっていくようなひりついた感じもあった。

母は、「本当はやさしい子」なんだよね、といつもいうのだが、本当は、というのはどういうことなんだと、いまはじゃあそう見えていないということか、優しいというのは何なのか、誰にとってなのかということをすべて突っ込みたかったが、母が我を失って怒るのが目に浮かぶようで、黙っておいた。

はやく、人間の女が仔を腹に10ヵ月も抱えて、時には死に至るような厳しい出産をしなければならないというこの人間のバイオロジカルな制約を、科学技術で解決できればいいのにとも思った。

女が女らしくあろうとすることで人間としての基本的な何かを剝奪され続けてきた歴史の中で、自然科学の成果や先端的な科学技術を仮想的に応用し、ステレオタイプ脅威や人間の持つ生理的な限界を超克できる可能性を示していく、という試みが行われている。

科学が拓いた歴史と科学に脅かされる未来との間に、女である自分を置いて、生殖能力であったり、性に対する視線だったりをそのまま芸術作品として世に問おうとする動きはその一つである。もちろんこれは男性側からも同様のテーゼが提案されることもある。

こうした、生命科学の知見やバイオテクノロジーを利用したアート表現の総称をバイオアートというが、生命科学的な内容を扱うこともあって、時にはかなりきわどい、倫理的に許されるかどうかギリギリの表現が生まれてきたりする。賛否が分かれるものも少なくない。

バイオアートの可能性

現代アート好きの中でもバイオアートに詳しい人たちにはよく知られている、ヘザー・デューイー・ハグボーグの『Stranger Visions』『Probably Chelsea』といった作品がある。ちなみにハグボーグは30代の女性である。

『Stranger Visions』は、吸殻に付着した唾液や捨てられたチューインガムから採取したDNAからそれらを捨てた人物の顔を復元したもの。人種や髪の色やウェーブの様子、肌の色、骨格など多くの要素が復元可能で、復元された顔がマスクとして、捨てられたモノと一緒に展示されているだけなのだが、展示がシンプルなだけに技術がここまでやれるのか、というファクトにぞっとさせられるような作りだ。実際には、遺伝子から推測される顔にはバリエーションがあるし、環境要因もあるしで、一意には顔は決まらないのだけど。

『Probably Chelsea』は、ウィキリークスに数十万件に及ぶ機密を暴露したとして服役していた米兵でありトランスジェンダーのチェルシー・マニング（服役中に性別を変えたが、変更前の名前はブラッドリー・マニング）のDNAから30を超えるポートレートを作成したもの。マニングの顔写真は逮捕時に撮影されたもの以外、一般に公開することは禁じられていた。が、その中で、ハグボーグはマニングのDNAを分析してポートレートを作り続け、公開した。

これは政府がいかに禁じようとその人の足跡やDNAから、その風貌と人格とがテクノロジーによって可視化されてしまうのだということを示すと同時に、これらのポートレートにみられるゆらぎとバリエーションそれ自体が、技術の限界を表現するものともなっている。

遺伝情報だけで、ジェンダーや人種を判別し、アクションをとることの難しさをこの作品は呈示している。マニングがトランスジェンダーであるということはこの作品における重要な要素で、人権を冒しかねないテクノロジーのありようにたいして警告を発する作品になってもいるというわけである。

性は自動的に性染色体によって決定されるものではない、というのはすでに21世紀の先進諸国では自明の概念になりつつあるものだと思っていたが、それとは真逆のびっくりするような主張がしばしば社会的地位の高い人たちからなされることがあるのは実に興味深い。

とくにバイオアートは性自認の問題や生殖にまつわるトピックをあつかってアートとして容易に表現しやすい領域でもあり、こうした議論が活発に交わされているのは刺激的だ。女性の方がよりその軋みを感じやすい性別であるから、女性の作家が作品を潜在的には発表しやすい領域ともいえるかもしれない。

絵を描く楽しみ

私の方がうまいでしょう?

中学・高校時代は、好んで読書や勉強をしていたのだが、美術部に所属して主に油絵を描いて楽しんでいた。別に絵を描いて生きていこうなどという思いは毛頭なく、単純に、絵を描くのが好きだったからだ。

絵を描くのと、描いて売るのとはまったく別のことだ。売るには、客とのコミュニケーションが必要だから、私には土台無理な話なのだ。最初からその選択肢が私の前に存在することはなかった。ただひたすら自然を写し取り、様々なオブジェクトを配置し、観察し、描き、それがキャンバス上に現れていく過程を見るのが楽しかった。

ただ、メタ認知がよく働いたせいなのか、「自分の描く絵はつまらない」といつも感じていたものだった。見たままをそのまま写しているだけで、面白くはない。私は描く作業そのものは好きだったけれど、所詮は「優等生の絵」だと思っていた。

創作的な絵を描かなかったわけではない。けれど、それらは母親に毎回けなされたり、精神的におかしいんじゃないかなどと言われるので次第に描かなくなった。当時の絵が残っていればと思うが、友人や親族などには驚かれたので、それなりに面白い絵だったのかもしれないと頭をよぎることもある。

ただ、母との相性は残念ながら悪く、あまりうまくいかなかった。仲が悪くはないと思うが、子どもが絵を描き始めると彼女も絵を描き始め、私の方がうまいでしょう？　と子どもの作品を認めることを避けようとする。褒められた記憶は残念ながら残っていない。

必死な心の反映

悲しかったのは、眉を顰《ひそ》めて「え？　こんな絵を描くなんて、大丈夫？」だとか、写実的な絵を描いたり、彫刻を作ったりすれば「気持ち悪いわね」といわれたことだ。もうすこし理解のある人であったなら、とはいわない。ただ子どもとガチンコで張り合ったりせずにいてくれる人であったなら。

後年、東大に入ってから、親に哲学や美学のバックグラウンドがある人を見て、かなり妬ましく思ったことは確かだ。生まれてしまった環境を後から変えることはできない。変えたいものがあり、不足があるのなら、親という他人をあてにするのでなく、自分で自分を育てる以外ないのだということを、嘆息しながら思うしかなかった。

いってみれば私の「優等生的な絵」は幼かった私が母に受け入れられようとするための、必死な心の反映であったのかもしれない。どんなものを作ったらこの人は嫌なことを言わないでいてくれるのか……？　否定され続けることは、子どもにとってはつらいものだ。

ものをつくることに対する強いあこがれはあったものの、冷静になると「自分には他の道のほうがいいだろう」と思った。この選択がよかったのか悪かったのか、今となってはわからない。が、よかったことにするしかない。

受験戦争の楽しみ

勉強したいと思った時が適齢期

結局のところ、勉強はできたほうがいいのかどうか?

もはや受験戦争という言葉が死語になって久しいが、それでも東大生がその看板でもってメディアでの引きがまだあるという事実は、勉強ができた方がいいというメッセージを多くの人に与えているだろう。たしかに、試験で高得点が取れるといろいろと得をすることもある。勉強しておけば生きていくうえで役に立つこともある。

ただ、そんなこと以上に、学ぶ喜び自体が素晴らしいものなのだ。

私は東大の中では合格することが最も楽な科類に入学しているので、その程度で受験戦争では、などと大上段に構えて語るのはややおこがましいような気もする。ただ、比較的、楽な目標であったことで、余裕をもって物事に当たることができたのはよかったと思うし、受験がゴールであるわけでもないという感覚を早くから持つことができたのは幸運だったのではないかと思う。

いい歳になってから、いまさら勉強するなんて遅いという人がいる。けれど、学ぶことに年齢は関係ない。いつでも思い立った時に始めればいいのだ。勉強したいと思った時が適齢期、だと私は思う。むしろ、ある程度の年齢になってからの方が、学習効率もよく、有機的な学びができる可能性さえある。若い学生の持っていない材料も持っている。

たとえば外国語を学ぶのでも、様々な日本語の語彙やコミュニケーションのイロハを知ってからの方が、生きた言語を修得しやすいだろう。その習得スピードは文法から四角四面に教わった若い時代よりも格段に速いだろう。

これはどんな分野にも言える。大人になって、たくさんの経験をベースにしたうえで勉強することで、学生時代には思いもよらなかったような景色が見えてくる瞬間がある。学ぶ喜びはどんな喜びにも勝る。

もちろん、若いころに比べたら、少し記憶力が衰えたな、処理が重いな、と感じられることもあるだろう。若い頃よりたくさんのデータを処理しているわけだから、それは多少は仕方がない。けれど学生時代と比べ、無駄なまわり道を避けて、要領よく大事なことだけをピックアップし、全体像を把握して効率よく学ぶことができるようにもなっているはずだ。

受験勉強でも、純粋に自分の世界が広がっていくことが、ただただ楽しかった。別に勉強をしなくてもさほど問題なく生きてはいける。けれど、新しい場所に行くことや、新しいものに触れること、新しい人に出会うことを、楽しみだと思わない人は少ないのではないだろうか。自分の中にはなかった何かを取り入れようとするとき、私たちの脳は喜びを感じるように作られている。そして、健全な競争があるとき、その楽しみはより強くなり、学習の速度も上がるように感じられ、この爽快感はたまらないものだ。

生き延びること自体が、大いなる達成

私は、生き延びることこそが、生物の基本だと考えている。そして、長く生きたと

いう事実こそが、ゆるぎない実績だとも思う。だから、身につけた知識だったり、生きている誰かその人自身が、直ちに何かの役に立たなくても別にいいのだ。生きているということそのものが遺伝的多様性を保持し、遺伝子プールを豊かにするという意味で、種の保存それ自体に大いに役に立つことだから。

勝ち組・負け組という言い方があるが、私はあまり好きではない。なんとも下品な言い方で、軽く使われているが、この言葉には稼いでいなければ生きている価値がないとでもいうかのような野蛮で貧しい響きがある。

同様に、働かざる者食うべからずという言葉も私は大嫌いだ。社会／世間に対してなにか供するものがなければ死ね、とでもいわんばかりの、豊かさとは真逆のところから出てくる発想が何とも悲しい。私は役に立っていますと言い訳をしながらでなければ生きていってはいけない世界。いかにも余裕のない、心の貧しさが濃く漂う言葉ではないか。

生きてさえいれば、生き延びていくために必要な程度のものさえあれば、あくせく働かなくてもいいはずだ。私は、漫画家の水木しげるさんのような生き方に惹かれる。悠々と、好きなことを貫き、長く生きて、後世の人の心に伝わる物語と文化を残し、作品は今もなお多くの人を楽しませている。

敢えて勝ち負けをつけるのなら、自分が興味を持っていることや、楽しいと感じることに取り組みながら、その人に与えられた生を生ききった者が勝ち、ではないか。生き延びるということ自体が、大いなる達成だ。

学ぶことで損をすることはない。

あくせくと、誰かに勝つために、損をしないために必死で自分を追い立てるようにして勉強するのではなく、自分の世界を豊かにするために、もっと悠々と生きて、物事を楽しむために、余裕をつくるために学ぶのだ。

もし勝ち負けにこだわりたいというなら、学ぶことは誰かとの戦争などではなく、自分との戦いなのではないかと思う。

構造的に、受験戦争という形で学ぶことをやめたくなる自分を間接的に窘《たしな》めるような時代に生まれ、学ぶことを背中から支えてもらえるような環境に居られたことは、私にとっては全くの僥倖《ぎょうこう》であったと思う。

ステレオタイプ脅威

カントの頭の悪そうな言葉

医学部の女子学生は自分と同等か、またはそれ以上の収入を男性に望むらしい。一方で、このことを調べた同じ研究では、医学部の男子学生の実に6割が、配偶者として自分より収入の低い相手が望ましいと答えた。そして、4割が自分よりも職業的地位の低い相手を望んだ。

私がまだ大学に入ったばかりの頃にも同じことをいう同級生（男性）がいた。彼は、「この大学（東大）に受かることが最低条件だけど、僕よりも頭のいい女はダメ」と言い放った。それを女子たる私の前で堂々と言い放つことができる彼のハートの強さにまずびっくりしたが、これに反論しようとしない周りの男子学生たちにも驚いた。まあ、東大というのは本質的にそういう残念な人をあつめてしまうところがあるのかもしれない。

人類学者のヘレン・フィッシャーは、女性が経済的自立を達成すると離婚率が高まる、と指摘している。この傾向は、どんな社会であっても変わらないという。先進国であっても、部族的社会であっても、資本主義でも社会主義でも、貧しい国でも富める国でも同様だというのだ。

一方で、地位が高く高収入を得ている男性は、地位も収入も低い男性よりも結婚しやすいようだ。男性既婚者では、女性と逆の傾向がみられ、男性の収入が過去や同僚の収入と比べてすくなくなってしまうことによって、別居や離婚の可能性が高まる。

ドイツの哲学者カントは、驚くべきことにこんな言葉を残している。

「女性が学問的に成功したところで、彼女は冷ややかな尊敬こそ手にすれ、異性に対して絶大な力をふるう魅力は失う」

18世紀の人であることを差し引いても、思索を生業とする人にしてはおそろしく頭の悪そうな（カント様に対して失礼であることは重々承知の上だが）言葉だなと感じてしまう。

ただ、こうした感想を持つことが自由に許されていて、気軽に書いてしまってもあまり咎《とが》められる環境にいまの私自身がいないということには幾許《いくばく》かの感謝を持ちたいと思う。

１９７９年にコロンビア大学ビジネススクールのメドソン・ヘイルマンとロイス・サルワタリが行った調査で、外見の良さは女性が高給の事務職で雇用される場合には有利に働くが、管理職として雇用される場合には不利になるということが明らかにされた。

さらにこれに続く研究では、美しい女性はコミュニケーション能力が必要とされる職種では高く評価されるものの、それ以外の職種、例えば決断力を必要とし、強いプレッシャーが掛かっている中、高い指導力を発揮して難局を切り抜けていく、だとか、高度な知識を駆使して独自の研究を進め、見解を発表していく、などといった職では、むしろ低評価となるということがわかった。

つまり、「女の魅力」と「才能」とは両立しないと思われているというわけだ。

確かに、私の見方が一般的かどうかはさておき（実験では逆のことが示されていたりもする）「イケメン」であるとどうしてもその才能よりもなんとなく「頭の悪そうなイメージ」の方が先に意識されてしまうような感はなくもない。

しかし、男性側は女性に対して持っているその無自覚な偏見に対してあまりにもナイーブで、そうしたずれたパラダイムの中に自分がいることすら気づいていないような節すらある、ような気がする。

美人は記号やモノとして扱われてしまう

この研究をしたグループは、「残念ながら、女性が組織のコアメンバーとして出世していくためには、できるだけ自分を『女性としての魅力に乏しく』『男性的に』見せかける必要がある」と述べている。無論、自分の女らしさを捨てることが組織で出世していくための必要条件になるなど、あってはならないことなのだが、という補足つきではあるけれど。

ただ「女の魅力」があることで、美しい女性はより得をしている、と考える人が多数派だろう。「美人はそうでない人よりも生涯年収が何千万も高い」という主張をする人もいる。

しかし、実際のところはどうなのだろうか？

問題はそうクリアカットではない。複数の研究が、女性では容姿の良さがマイナスに働き、美人は平均的な女性よりも損をしてしまうことがあることを示唆している。

外見が良いことで性的類型化が起こりやすくなる。このことは男性では確かに有利に働く。

男性で性的類型化が起これば「男性的」＝力強く、職務遂行能力が高く、決断力がある、などとみなされる。これらの資質は、仕事上の評価には有利に働く。

一方、女性はそうではない。「女性的」＝消極的であり、堂々としておらず、意欲や決断力にかけ、セクシーすぎる、とみなされてしまう。あるいは、そうであるべきだという暗黙の圧力が、異性からばかりでなく同性からも加えられる。そのステレオタイプに当てはまらない、容姿に優れた女性がいたとすると、性格が悪いだの結婚しないだの子どもをつくらないだのと攻撃され、いつの間にかステレオタイプ的にふるまうように社会が彼女を「洗脳」していく。これをステレオタイプ脅威という。

美人は他の人よりも、人間ではなく記号やモノとして扱われる傾向が強くなる。すると、部下や一兵卒としては良くても、管理職やビジネスパートナーとして適任であるとは思われにくい。

女に生まれているということが見えない「障害」になっていることを、どれほどの男性が意識してくれているだろう？　少なくともこの構造を理解できない人とは近くにいられないな、とつい思ってしまう。

祖母の家で暮らすということ

やっぱり私はおかしかったんだ

中学進学を機に親元を離れ、東京の祖父母宅から私立校に通うことになった。地域の公立という選択肢はなく、かといって私立も家が貧乏だったので、特待生になれそうな学校を受験するという賭けに出て、難関校でもないけれど成績上位者なら東大に行ける水準の学校に入った。中学受験そのものは楽しく、またやれるものならやりたいくらいだ。算数の問題が面白かったのはよく覚えている。特に灘《なだ》中学校の問題が良くて、同級生に無理に合わせようと話しかけたりすることよりずっと、問題を解いていることの方が楽しかった。

さりとて、中学校に入ってコミュニケーション問題に解決がもたらされたかというとそうでもなかった。環境が変わったらもう少し何とかなるかしらと思っていたけれど、やっぱり私はおかしかったんだということを再確認することになった。その学校はコミュニケーション能力の高い子がたくさんいて、またしても自分は浮いた存在になった。

どうも、自然にふるまってしまうとマッドサイエンティストのような扱いになってしまう。この時も、いじめられるほど皆と近づくことがなかった。もしかしたら、いじめのようなことも、よく見ればあったのかもしれない。けれど、あったとしても私はまったく気づいていなかった。

無視されていた可能性について考えてもみるけれど、そもそもそんなに親しい友達というわけでもないから、無視のしようがない。仮に無視されていたとしても、話すことがないんだな、くらいにしか思わなかっただろう。

東大を意識するようになったのは、中学校の時の英語の先生から言われてのことだった。この人は非常にバランス感覚のある人で、教養もあり、グルメでもあり、話の楽しい人だった。東大に興味をもった理由は、まずは非常にコストパフォーマンスがいい大学だという点だ。つまり、自分の家の経済状態でも行ける。私立大学の理系は高くてとてもいけない。けれど東大は国立で比較的安いし、東京にあるのだから引っ越さずに済むし、最小のお金で最高とされる先生方の教育が受けられる、というのが魅力的に思えた。

自分が周りと違う、という事実は、自分が息苦しいという以上に、将来こんな様子では職を持って食べていくことが難しいかもしれない、という不安となってのしかかって来はじめていた。私はすこし焦っていて、その焦りも勉強のモチベーションにはなったかもしれない。

脳研究を志した理由

高校生くらいまでなら、成績が良いことだけでなんとか、許してもらえる。けれども、大学に入り、就職活動を始める頃になったら、成績なんて実はそう役に立たない。むしろ、コミュニケーションスキルの方が必要とされる世界ではないかと思う。そのあとはずっとそういう世界が続いていく。タイムリミットは数年後に迫っていた。一日一日と、その期限が近づいてきているのだ、という緊張感が強くなっていった。

私の性格がおかしい原因をたずねれば、それは脳のどこかにあるはずだ。だから、そこを何とかすれば、生きていけるかもしれない。本を探してみたけれど、あまり参考になるようなものがないことにも気づいてしまった。それもそのはずで、コミュニケーションの領域は、まだ脳機能という切り口からは科学されていなかったのだ。つまり、自分で研究しないとだめだということになる。

そのために脳を測ったり調べたりできる機械がまだ発展途上だということもわかった。そこから作るとなると、工学部に行かなくてはならない。

普通のコミュニケーションができる人ならば、医師を目指すところなのかもしれないけれど、自分を差し置いて人のことを治せるような余裕が自分にあるとは思えなかった。そもそも、医師は接客業のような側面も多分にある職なのだから、自分の貧弱なコミュニケーション能力では確実に食い詰める。これはあり得ない選択だった。

東大くらいしか自分を許してくれる場所はないんじゃないか、とも思った。性格に難があるのでなければ、普通の女の子としてモテそうな大学に行きたいという気持ちがないでもなかったが、経済的にも無理だしそもそも人格がそれに向いていないのは明らかだ。

あのブドウはすっぱい、というような調子で、モテの価値は年齢とともに目減りする。そこをコストをかけて目指しても、かわいい、を極めようとしてもコスパがよくない。そう自分に言い聞かせるようなところもあったかもしれない。とはいえこれは事実で、残酷なことながら社会通念上は、35歳と20歳なら、後者の方が圧倒的に価値が高いとされる。絶対目減りする価値に投資するのは愚かだと思った。

目減りする過程で売り抜けるのもギャンブルだ。売り抜けたところで、離婚率も上がっている。戦略として上策とは言えない。コスパが悪すぎる。なぜこの戦略はダメだと他の子は考えないんだろうとも思った。

別の戦略を取るとしたら、経済的な裁量権を持てるよう、キャリアを積む、という発想になった。その道にもそれなりの葛藤があり、苦労があるというのは後にわかった。

男に生まれなおしたいな、性転換というのもありだな、とも思っていたが、さすがに男になるには背がさほど高くもなく、残念な感じになりそうだから、数年かけて自分を説得し、これはあきらめたわけだけれど。

5章　砂時計
――1975～1989

通知表に「利己的」と書かれたが、
「生物はすべて利己的なものだけど？」と思うだけだった。

時間

各人の生きる時間は別のもの

砂時計の砂は、長く使っていれば磨耗して、初めの頃よりも速く流れ落ちるようになる。時間とは一定の速さで進むのではなく、その流れ方にはムラがある。歳を取ればとるほど時間は速く過ぎるような気がする。子どもの頃は、1年が永遠のようにも感じられたものだ。

砂時計の刻む時間は私たちの時間意識にとても近い。中に入っている砂は同じでも、一回一回終わりを迎える。反転してまた時を刻み、終わっていくのを繰り返すそのさまは東洋思想における輪廻のようでもあって、砂時計の落ち続けるさまを眺めていると、その有限の時間の中で何ができるのかをしみじみと考えてしまったりもする。水晶振動子の時計では、この感覚の不思議な同期をみることはできないだろう。

この世界のどこにあっても、時間は一律に一様に流れてそれが揺らぐことはない、とたくさんの人が信じていると思うけれど、実はそうではない。相対性理論によってもう100年も前に同時性が成立しないことはわかっているし、何なら重力の異なる低地と高山の上程度でも時間の流れる速さは違う。ましてそこに生理学的な要素が入ってきたら、各人の生きる時間はそれぞれに別のものであって、一致することの方が珍しいということにもなる。

子どもの頃の話を思い出すときには、その思い出は大人になってから都合よく書き換えられたものかもしれず、あまり克明な話を描写する人のエピソードはある程度割り引いて聞かなければならない。私自身の記憶も、出来事として参照するにはやや断片化が進みすぎ、どちらかといえば感情の動きや、のちの人格形成に与えたと思われる認知の変容を中心に描出した方が良いように思われる。

時間の流れを把握すること

せっかく時間の話を出したので、子どもの頃の心象の話をしてみようかと思う。

時間というのは目で見ることのできない概念である。にもかかわらず、誰もがそれを実在するものとして扱っていて、その生きざまを厳しく縛っている。時間通りに動くことが美徳とされ、時間というルールから逸脱してしまう者は、能力が低いか、ま

た は 自分を律することのできない人という評価になる。

私は、時間の中に無自覚に存在している、という状態が好きではなかった。子どもの頃から群れの中にいることが苦手だったからだろうか。

明け方と夕方の、昼とも夜ともつかない境目の時間が好きだった。その時間には人の気配がふっとなくなり、妙な息苦しさから解放される。

時間を感じる部分は、脳のどこに存在するのか？　ちょっと科学的な話になってしまいかねないが、お付き合い願いたい。

時間の流れを把握することは、私たちにとってごく自然な行為のように見える。しかし、それをどうやって行っているのか、意識することはなかなか難しい。例えば視覚については目を閉じればある程度、遮断することができるとわかっているし、耳をふさげば骨伝導以外の音は、もうほとんど聞こえない。

しかし、時間の感覚については、そうはいかない。意識し始めた途端に、脳が認知する時間の長さは変容してしまい、何か特別に楽しいことをしていればそこに時間など存在しなかったようにあっさり通り過ぎてしまうような1分が、ただなにもせず時間を意識するという認知的な操作を加えただけで、耐えがたいほど長く感じられたりする。

しばしば優れた芸術作品は、人間のこうした認知の特質に働き掛けて、物理的には決して永遠を生きることができない私たちに永遠を感じさせたり、ほんの瞬きする間に過ぎ去っていってしまうごく短い刹那《せつな》を体感させてくれたりもする。

また優れた芸術は、私たちに時間軸を自在に移動する力を与えてくれることもある。芸術によって私たちは、はるか遠い未来へいくことも、もう手の届かない過去へ行くこともできる。そして逆説的に我々が「いま、ここにいること」を私たちに強く意識させ、生きる力を与えてくれるという、優れた薬のような役割を持つこともある。

時間を脳はどのように知覚しているのか

時間を、人間の脳はどのように知覚しているのか。

愛知県の岡崎にある生理学研究所の研究グループが、人間の脳には、特定の time length の刺激だけに反応する神経細胞の一群（時間長選択性ニューロン）が存在することを発見した。それらは脳の右縁上回《みぎえんじょうかい》（英：right supramarginal gyrus）にあって、他の刺激に対しては特異的な反応を示さなかったことも確かめられた。

それでは、脳の右縁上回とは何をしているところなのだろうか。言語野のひとつであるウェルニッケ野の一部は、左縁上回にあたる。その反対側の半球の相同部位(homologous area)では言語でなく時間を処理している、というのはなかなか面白い知見といえるかもしれない。

また、サルに道具の使用を学習させて脳の変化を見たところ、人間の脳ではこの縁上回とそれに隣接する角回《かくかい》に相当する領域で、脳の体積が増大する変化が見られたという(理化学研究所脳科学総合研究センターの入來篤史氏の研究による)。道具の使用に関する領域と、時間を認知する領域が同じであるということも併せて考えると、さらに興味深く感じられる。

さて、縁上回(英:supramarginal gyrus)はどこにあるのかというと、頭頂葉と側頭葉の境目の後頭葉側の部分に存在しており、角回(英:angular gyrus)とともに下頭頂小葉《かとうちょうしょうよう》(英:inferior parietal lobule)を構成している。角回は側頭葉の上端付近に位置し、縁上回の後端と接している。角回の下部と縁上回の下部、そして上側頭回の後部は、あわせて側頭頭頂接合部(英:temporo-parietal junction)として扱われる。この領域は「自他の区別」や「心の理論」（theory of mind; TOM）と関わる重要な役割を担っていると考えられている。

またこの領域は体外離脱体験や、自己像幻視のような現象と関わりを持つことが知られている。側頭頭頂接合部が損傷したり、この領域が電気刺激されることで、体外離脱体験が引き起こされる、という例が報告されている。

例えば、角回を刺激された女性が、彼女の背後に存在する幻影を感じ、また、別の同種の実験では、被験者が天井にいるような感覚を味わった。このことは、身体が実際に存在する位置と意識が知覚している身体の位置との不一致によるものと考えられる。角回の過剰な活動が幻覚をもたらすことが示唆されているということだ。

さらに、この領域は言語、認知などに関連する多数の処理に関わっており、左の角回に損傷を受けた右利きの患者は、言語理解は正常に見えるが、隠喩を理解できず、慣用的な隠喩句を呈示しても患者は文字通りの意味でしか受け取ることができなかったという例が報告されている。これは自閉症スペクトラムにある人の特徴でもあり、自閉症は、角回の機能不全を伴う可能性があるともいえる。

時間を知覚すること、言葉の裏を読むこと、幽体離脱のような自分を遠くから見つめる感覚、そして高度な道具の使用、といった機能に共通することは一体何なのだろう。これらは、ヒトが他の生物に比べて突出して発達させている機能といってよい。

　これらの機能をもつことが、ヒトの進化にとって、有利であったのだ。

調律されないピアノ

他者の間違い探しをする人に発疹が出る

　ピアノの音が好きで、しばしばサロンに弾きに行かせてもらうことがある。1時間で約2000円。リラクゼーションマッサージよりは安い、という感じだろうか。

　鍵盤の上で手を動かすことと、音に耳を澄ませることに集中していると、奥のほうに固く凝ったストレスの塊が少しずつ気化して、心が軽くなっていくような感じがする。こうして手を動かして無心になることが、私にとっての「作業」なのかもしれないと思う。

　プロのピアニストであれば、仕事としてのストレスがそこには生じるものだろう。

しかし私はもちろんプロではなく、ただ自分のためだけに弾くのだから、気楽なものだ。

私は自分で思っているよりずっとストレスを感じやすいようで、心よりも先に身体がやられてしまう。たとえば他者の間違い探しに夢中の人を見たりすると、不快な気分を自覚する前に、発疹が出たり、発熱して動けなくなってしまったりすることもある。そうして世界が遠く感じられ、虚ろな気持ちになる。

論理的には「何かが間違っている」というとき、そこには大きく3つの可能性がある。対象に原因があるのか、自分のものさしが間違っているのか、それともその両方か。ほとんどの人が、自分のものさしが間違っているとは考えないようだ。

異なる分析をした人間同士が、大人げなく争う姿を見かけることは稀ではない。そんな火花を見るにつけ、ああ、人間は間違い探しが大好きで、他者の間違いを正すことに興奮と快楽を求める生物なんだなと苦いものを飲み込むような感覚を味わわされてしまう。

人間社会に生きることは時にそれ自体が戦いのように思える。生きている限り、思考そのものを意識的に断ち切ることは難しい。一人で思考を重ねてしまうときに忍び寄る闇を追い払い、知らず知らずのうちに入り込んでしまう深みから自分を救い出すために、私は無心になって手を動かし、美しい音をひたすら追い掛け続けるのかもしれない。

おねだりすることとは無縁だった

父方の祖母と母はあまり折り合いが良くなかった。随分行ったり来たりした記憶があるが、どちらからも相手の悪口ばかりを聞いた。褒めていたよと子どもながらにフォローしても、すべてを悪いようにとる、という感じで、もう小学校に上がる前には仲を取り持つのが面倒くさくなってしまっていた。人間とは愚かなものだから、あまり関わり合いにならないほうが身のためだ、と学習したのがこの頃だ。

ピアノを3歳くらいから習わされていて、嫌いではなかったけれど、調律をしてもらえることは稀だった。祖母が何べんも「これでピアノの調律をしてもらうんだよ?」とお金を渡すのだが、調律されることはなく、どこかへ消えた。何に使われたのかはわからない。生活がそれほど苦しかったのだろう。

とにかく父は職を転々としていて経済的には貧しかった。子どもらしくほしいものをおねだりするなんていうこととは無縁で、親に拒絶されない範囲のものを、顔色をうかがいながらおそるおそるお願いする、といった調子だった。図書館があったから本は大量に読み漁ることができてよかったけれど、ほかの子どもたちが遊んでいたようなゲームなどはとてもねだることができなかったし、実験用具や機械も欲しかったのだけれど、ねだるどころか私が説明しても、それが何なのか理解しようともしてもらえなかった。

このことは後年、大学に進んでから、親が教授だという子たちとの差がこういう形でつくんだな、と心がザラつくような思いをさせられる原因となった。

東京

先祖の書いた本

自分の母方の家系をたどると、明治の頃に日本橋蛎殻町《かきがらちょう》で米問屋をやっていたのだという。なるほど親族には江戸っ子らしい人が多い。着道楽で、一度袖を通したらもう着ない、だとか、怠惰であって地道な努力が苦手であるとか。江戸っ子は怠け者の代名詞といわれるけれど、なるほどと誰もが深くうなずくような気質を皆が持っているような感がある。

同姓同名の人かもしれないが、ネットで検索してみたら、自分の高祖父に当たる人が書いたらしき本が、古書として売られているのが表示された。ちょっと値が張るけれども、購入してみようか……。今でいうビジネス書のような内容が書いてあるらしく、タイトルもややこっ恥ずかしい。

ここまで書いてみてふと思ったが、自分には子がいないけれども、親族のうちのいずれかの子孫が私の書いた本を偶然見つけてしまう、ということが当然あり得るだろう。いまはもう電子書籍の出る時代であるし、なおさら探しやすいだろう。自分の名で出した本の中には、けっこう子孫から見て恥ずかしいタイトルの本もあるかもしれない。

むしろ、子孫たちは、先祖を見る今の私と同じように、私のことを感じるのではないか。同じDNAを何パーセントかは共有しているわけで、恥じらいのポイントもきっとどことなく似ているんじゃないだろうか。

100年後くらいに、彼らもたとえば本書を何らかのきっかけで見つけてしまって、買おうかどうか悩んだり、うっかり読んでしまったりすることだろう。これを想像すると体中の皮膚がむずがゆくなってくるような感じがする。

だが、仕方がない。20世紀の終盤から21世紀の初めに生きた中野信子はこんな人間でした。子孫たち、あなたがこの本を読む頃には、たぶん私はもう死んでいるから、死ねよとか思ってももう無駄だ。許す方がコスト的には得だろうから、どうか許してほしい。

適度に寸止めして毒を吐く

私は生まれも東京、先祖も東京、人生の大部分を過ごしたのも東京、だからなのか、東京の笑いが好きだ。

関西風の、それこそ吉本新喜劇のような、ボトムアップで笑わされてしまう、毒さえも明るく昇華してみせるようなあっけらかんとした笑いももちろん嫌いではない。笑うことは基本的には何でも好きだが、関西風の笑いはどこか自分とは遠くにあるもので、楽しませてもらっているような、自分がお客様になったような感じがする。端的に言えば、うらやましい。明るくて、力強くて、自分のような存在はどう足掻《あが》いてもそこへはいけないような華やかさがある。

東京の笑いはそれとはちょっと違う。これを好むのは私が東京人だからなのかもしれないが、もっと抑制的で、ドライだ。濃い情や人間関係を、そもそも東京の人間はあまり好まないように思う。下町の人情、といわれるけれど、それですら、あと1ミリ離れれば他人、というギリギリのところまで突き放したりする。それでもつながっている、本当にいざという時には見捨てない、という関係のバランスに、軽快さと心地よさを感じる。まあ、ただ単にこれは私個人、もしくは私の周りにいる人の好みかもしれないけれど。

東京と関西のコンビ芸人の違いを見るとき、東京ではそれぞれが相手を褒め合ったりすることがある。これはあまり関西の芸人では見られないのではないだろうか。例外はあるかもしれないが、トレンドとしてそう感じることがある。

この、褒め合う、というのも、度が過ぎるとしらけるし、ちょっと……という感じになるもので、按配が難しい。けれどもこれが、うまい人の手にかかると、人間関係の絶妙なバランスが、アートのように言語空間の中に描き出されていく。このさまは本当に小気味よく、うまい芸人の言葉のチョイスや間の取り方に、大いに笑わせてもらうとともに、どこかしびれるような心地よさを感じさせられてしまうのだ。

言い過ぎず、適度に寸止めして毒を吐く。素人は、ただ毒づくだけで終わるけれど、東京のうまい芸人の手にかかると、抑えたシニカルな笑いになる。これは、とてもクールでかっこいい。

黒い笑いは必要かつ火急のもの

明るくなければならない、正しく、いつも穏やかで、微笑みを絶やさず、前向きでなければならない、と呪いのように求められる世間の中にあって、シニカルで適度な毒を含んだクールな笑いが、どれほど私たちを助けてくれることだろう。

薬もワクチンもない感染症のパンデミックと、自粛警察の厳しい監視の目の中で、もう少しのところで閉塞感にやられそうになっているのを、黒い笑いは解放してくれるような気がする。

ああ、自分は誰かを嫌いになってもいいし、仕事に行きたくないと思ってもいい。育ててくれた親は毒親だったと告発したっていいし、付き合った女はクソだったと叫び散らしてもいいし、嫌な奴に向かって死ねばいいのにと毒づいてもいいのだ。そうやって、間接的にほっとすることができる。息をつくことができる。無論、彼らは、直接励ますようなことは決して言わない。そんなことをすれば、笑えないし、クールじゃない。

笑いの健康に寄与する効果については賛否両論あるだろうが、端的に概略だけを述べると、笑いの治癒力について大きく世の中に知られるようになったきっかけはアメリカのジャーナリスト、ノーマン・カズンズの報告である。

自身が患ったある種の膠原病《こうげんびょう》を、彼は笑いによって完治させたということで、その体験をアメリカの医学誌に投稿し、大きな反響を呼んだのである。現在にまで続く、笑いの効果に関する研究は、彼に端を発しているといってもよいだろう。詳しいことが気になる人は御自身で調べてみるとよいと思うが、疼痛が軽減するなどの効果はたしかになかなか面白い。

とはいえ、心が重く沈んでいるときには、なかなか、笑うということそのものさえもできなかったりするものだ。私はどちらかといえばポジティブよりもネガティブ側の人間だという自覚があり、やや意識的にやらないと笑うことが難しくなってしまうことも少なくない。

黒い気持ちでいるときには、黒い笑いでなら、笑うことができるかもしれない。そんなことを考えるべきではない、頭の片隅にも置くべきではない、という思考を、自然な形で認めてもらえる。そして笑いに変えて昇華させていくことができるのだ。セラピーという形を取ってはいないけれど、これは極めて重要な、黒い笑いの機能の一つである。

パンデミックを経験し、不要不急の行動を慎め、と私たちはいま、言われ続けている。けれど、黒い笑いは、実は必要かつ火急のものなのではないだろうか。私たちが、大衆の正義中毒の標的となって、死んでしまわないように。

暖かい布団が嫌い

なぜ点数を悪く取れるのだろう

両親ともに東大出身者でない家で育った東大生には共通して、どこか「自分がデキることに対する負い目」のようなものがあるように思う。私の両親はどちらも短大卒で、取り立てて賢くもなく、かといってものすごく愚かでもない。父は特にこれというスキルもなく、仕事を転々としていたし、母も離婚するまでは専業主婦で、特にキャリアがあったわけでもない。

デキるとかデキないとか、当人にとってはどうでもいいし、そもそも、自分は頭がいい、という実感すら薄かった。自分の感覚が普通だと思っているから、デキない、という人の感覚がほとんどわからない。なぜ点数を悪く取れるのだろう、と思っていた。

成績がいいことについては、それによって学校生活がやや便利になり、話の合わない人との接点を持つ必要がなくなる、という以上のメリットはないと思う。微妙な成績だとむしろ反感を買う。接点がなければ、畏れをもって遠巻きにされるだけだ。攻撃の対象にしようという発想すら相手の中には生まれない。

成績にこだわる人もいるかもしれない。ただそれはおそらく、その環境から逃げ出したくてこだわる、といった性質のものだろう。自分の存在価値に頭の良さを結びつけるタイプの思考は、両親も学歴が高い人たちのもとで育った子どもに特有のものではないかと思う。子どものくせに微分方程式を使うとかいうのは、一般的な大人には気持ち悪がられる。気持ち悪がられるから、そういうことがデキるのは良くないことなんだ、隠さなきゃいけないんだ、と無意識に刷り込まれる。きっと、私だけではないだろうと思う。

感謝の伝え方とは、生を謳歌すること

幼稚園に入ったころに、周りの子や親族たちから、変だ、おかしい、と言われたことはよく覚えている。子どもの割に難しい単語を使ったり、知育玩具やドリルを楽しく進めていたりしたのは、喜ばれた反面、良くない驚かれ方もされたようだった。幼稚園で行われるお遊戯はあまり好きではなかった。

他の子と一緒に、一斉に何かをしなければいけないということが苦手で、気持ち悪かった。詳しすぎる天気予報や時事ネタのようなことを話して、大人に大笑いされたこともあった。5歳の子がロッキード裁判とか言い出すのは今思えばおかしいよなと思うけれど、当時は、大真面目に言ったのになぜ笑うの？　と思った記憶が残っている。

暖かい布団が嫌いだった。布団がぬるいと気持ち悪くて眠れず、ひんやりとした布団でないと駄目だった。頭痛があるから頭を撫でられるのも大嫌いだったし、抱きし

められるのも不快だった。そもそも、身体に誰かが触れる、という感覚が嫌いで、耐え難かった。

気難しい子であったと思う。母は特に苦労したのではないかと思う。理解し合うということが難しかった人だけれど、彼女が私を扱うのにたいへんな思いをしただろうということはもちろんよくわかっている。

だからといって、べたべたとそれに報いようとして上滑りな感謝の言葉を伝えることは、あまりに空々しくてかえって失礼ではないかとも思うのだ。実のある感謝の伝え方とは、悠々と生き延びて生を謳歌することそのものではないのか。もちろん、異論はあるだろうけれど。

「利己的」な子ども

通知表に「利己的」と書かれて

小学校入学前に、東京から茨城へ引っ越した。言葉は違うし、1人だけ日焼けしていないし、浮いていた。普通なら、いじめが始まるのだろうけれど、まったくそんな空気にもならなかった。それほど、私と皆との距離は遠くて、畏れられていたと思う。

同級生には農家の子が多く、興味があるかなと思って種なしブドウや種なしスイカの作り方について話しかけたこともあったのだが、まったく理解されず、ただ呆然とさせてしまった。なんだかもうマンガのような話だけれど、どんどん周りと話が嚙み合わなくなり、自分はここに長くはいられないんだなと思った。休み時間も、私は本を読み、皆は遊ぶ、という感じだった。それでいいと思っていた。

通知表に「利己的」と書かれたことがある。誰とも結ばず、一人の時間を楽しむ私に対して教師が抱いた印象がそれだったのだろう。私は「生物はすべて利己的なものだけど?」と思うだけだったが、母がなぜかショックを受けて、私に怒鳴り散らしたのを覚えている。

どうしてこんなことを書かれたのかと問い詰められ、後々まで引き合いに出された。母は自ら田舎に住みたいと願ってその希望を強引に押し通した割には、意に反して田舎のコミュニティに溶け込めず、自分こそが「利己的」であると後ろ指をさされているかもしれない、という疑念に苛まれていたのだろう。けれど、都会しか知らない母が何の準備も予備知識もなく田舎に住めば、そうなりそうなことくらい計算すればすぐにわかりそうなものだけれど。

凡庸な方が幸せなんだろうか

自分の判断と選択のミス、戦術の拙さを子どものせいにされても困るし、端的に言って迷惑な話だった。子どもならではの残酷さで、この人が本当に自分を生んだのだろうか、と落胆することもあった。

そもそも親のコミュニケーション様式以外を、子どもが学ぶ機会は極めて少ないわけだから、まあ、図星をさされて痛かったというところだろう。自分のせいでこんなことを書かれたのかもしれないね、ごめんね、と余裕のある女性なら言ったかなあと思うけれど。ともあれ、7歳の子どもに八つ当たりできるくらいの人格ではあった、ということになる。

また、小学校の教員といってもあまり頭が回らないのかもしれない、とこの時は腹立たしかった。こんなことを書けば、子が親にどんな目にあわされるか、想像がつかないのだろうか？　今にして思えば、すべての教員がそうであると一般化すべきでないと客観的にみて思うけれど、不信感は根深く残り、将来、小学校の教員をやることはないだろうと、頭の中でその選択肢を削除したことも覚えている。

3歳下の妹は、いい意味で普通の子だった。共感性もあったし、少なくとも利己的などと言われる感じではなかった。母にとっては都合のいい子であっただろう。私よりずっと環境になじんでいたし、友達も多かったようだ。凡庸な方が幸せなんだろうかと当時はうらやましく思う気持ちもあった。

真似しようと思っても、絶対に真似できなかっただろうけれど。

おわりに　わたしはモザイク状の多面体である

優美な屍骸

優美な屍骸（Le Cadavre Exquis）というのは、シュルレアリスムにおける作品の共同制作の手法のことだ。子どもの頃にやったことがある人もいるだろう。例えば文章なら「いつ」、「どこで」、「誰が」、「何をしたか」についてそれぞれ別の人間が担当してリストにし、それをバラバラにして、ランダムに組み合わせる。すると、思いもよらなかった意外な一文が完成し、その組み合わせの妙を楽しむことができるという趣向だ。

これは、「集団の意思の重視」というシュルレアリスム的な思想と合致し、シュルレアリストたちを大いに喜ばせた。

複数の人間が、互いに他の人間がどのようなものを制作しているかを知ることなしに自分のパートだけを制作するというスタイルは、文章以外に、絵画などでおこなわれたりもしている。

わたしというのは、優美な屍骸のようなゲームで作られた、モザイク状の多面体のようなものなのではないか。これは私だけではなく、すべての人に当てはまるものなのだと思う。光の当て方によって人格はさまざまな色に変化し、見え方も形も変わっていく。部分の組み合わせ方の妙で、意外な側面が見え隠れするとき、それとの出会いが新しい楽しみにもなる。

実名敬避俗、という習俗がある。読んで字のごとく、実名を敬して避ける、という意味である。漢字文化圏に主に見られるが、実名で呼びかけることは極めて非礼なことである、とされるという習俗だ（親や主君などから呼びかけるのは例外）。実名は、その人物の内面の本質的な部分と不可分のものであるから、実名を呼ぶことによってその人物を内面から支配できてしまう、という思想がこの習俗の根本にはある。

私には、名前そのものというわけではないが、一定のイメージが固着することに対する、忌避感がある。固定されたイメージができてしまうと、自由な発想や行動が制限されるように感じるからだ。それでは、支配されているのと何ら変わらない。

読者の皆さんもそうではないだろうか？　自分がそう思われているそのイメージから逸脱するだけで、「そんな人だとは思いませんでした」という言葉がぶつけられてくる。「あなたのイメージ通りの人間です」などと一度も宣言したことはなく、そう思ってくれと明示的に求めたこともないのに、相手は勝手に思い込んで、裏切られたと恨み節を口にするのである。

こうして、多くの人は他者の期待するイメージに絡めとられ、取り得る選択肢は、知らず知らずのうちに限定されていく。メディアに出ていればなおさら、自分の周囲の人間たちが自分に対して抱くイメージに、無意識の内に取り込まれてしまう。あなたも「それらしく」振る舞うようになってしまっているはずだ。

いかがだろうか？　以下の「〜らしく」を読んでみて、これを参考に自分の社会的な肩書からイメージされる像に、自分がどれだけ囚われてしまっているか、考えてみてほしい。

女らしく
男らしく
大学生らしく
若者らしく

老人らしく
子育て中の母らしく
学者らしく
医者らしく
アーティストらしく
弁護士らしく
公務員らしく
大企業の役員らしく……

本来のあなたは、本当にそういう人間なのか？　今一度、自分に問うてみてほしい。

祝祭の生贄

一般によく受ける物語の中には、こうしたステレオタイプからの解放感を演出して成功しているものがけっこうある。また、読者が読みたいものは何なのかを、読者の立場に立って冷静に考えれば、それは私の主観による判断にまみれた一人語りなどではないであろうことは容易に想像できる。世の人々は、自分の日常生活や人生に、何らかの形で役に立つと思うから本を買うのであって、私に金を恵んでやるために本を買うのではない。

もちろん、娯楽のために買う、というのも「役に立つ」のうちに入るわけだけれど、私の自分語りが大衆受けする娯楽になるとは到底思えない。自分語りなど、匿名掲示板に中学生が書き込むのならともかく、いい大人がそんなものを世に出すというのは、極めて恥ずかしいものだ。

剰え、ただ自分を知ってもらうために書く本というのは、もうこれは恥ずかしいを通り越して痛々しい。YouTubeに、ただ目立つためだけにバカなことをして、その動画をアップロードするのとさして変わらないように感じる。いい歳をしてかまってちゃんか、と嗤《わら》う人々の声がもう聞こえてくるようだし、極言すれば、いわば地雷女の様相でもある。気を惹くために公衆の面前を裸で歩くようなものだ。

祝祭の生贄が、わたしであるのだとしたら、そのアイデンティティに意味などあるだろうか？　本来存在し得ないものを畏れ、排除し、遠巻きに眺めていることそのものが、共同体を堅固にするための基盤となるのなら、自分は喜んでその礎としてわたしを差し出そうと思う。理解してくださる方は少ないかもしれないが、私が不完全ながら構築したマジックに賛意を示してくださる方がわずかでもいることを願います。

北野武さんがかつて著書の中で、人前に出て仕事するのは、不完全で他のことが満足にできない人間だからだ、出なくては生きていけない奴がやることだ、と書かれていたのを読んだ。まさしく私はそういう気分でいる。珍獣だから、見世物にされるくらいしか、生きていく術がない。笑われる事でしかやっていけない。

などと書いていても既に、私は「らしく」の呪縛から逃れたくなったりしているわけだけれど……。エッセイを書く時は自分語りをすることももちろんある。ただ、原則としては、書物をものするにあたって私個人の主観による情報は、本来邪魔なものだと思っている。

無論、知りたい、という取材者がいれば話をすることはある。けれどもあくまで、生硬になりがちな話題を嚙み砕いて身近に感じてもらうために、エピソードとして紹介するのであったり、自分のようなはみ出し者でも何とか生きていけるんだよ、という励ましとしてであったり、内容を分かりやすくするためのたとえ話としてであったり、という文脈においてである。

認知のワクチン

……と、言っている人間が、こうして、見ず知らずの人へ向けてわざわざ、自分の見ている主観の世界を書籍として開示しようと決めたのには理由がある。

人間の認知はあいまいなもので、ちょっと痩せたり太ったり、ファッションや髪形やメイクを変えたりするだけで、もう普通の人には中野であるとは認識しづらくなる。他人から見れば、人間の実在なんてそんなものだ。

それなのに「中野信子」という作られた像に恣意性があると見抜けない人がしばしば、会いたい、といろいろな伝手《つて》を使ってやってくることがある。興味を持ってくださるのはありがたいことではあるが、仕事でもない限り、できるだけお断りしている。

なぜなら、たいていその人たちの目的は、私がどんな人間か知って安心したいということだけだからだ。そうでなければ仕事を持ってくるはず。

そんなわけで、自分がどんな人間かを本という形にまとめておくことにした。というのも本書の目的の一つである。そうすれば、私に会いたい、という人には「これを買って読め」で済む。本書を読んでもいないのに会いたい、というのならば、それは本当に私に会いたいということではない、もしくはセクハラにつながる下心からのことだと判断できるから、無視してよい。

過去に存在した無数の事実の集積で、人間はできている。そのデータのどの部分に焦点を当てて語るのかは、当人の問題意識にかかってくる。その問題意識とは、現在の自分の持っている問題意識である。

つまり、過去の自分を語ることは、ベネディット・クローチェが「全ての歴史は現代史である」と喝破したように、現在の自分を語るのと同じことなのだ。

己の闇を見つめることとは、人間にとって、認知のワクチン、心のワクチンのようなものだ。人間は明るく希望に満ちているようにみえても、些細なきっかけで不意に深淵に飲み込まれ、死んでしまうことがある。どんなに健康に見える人にも、誰にでも起こり得ることだ。

これは私の物語のようであって、そうではない。本来存在しないわたしが反射する読み手の皆さんの物語でもある。

講談社現代新書 2589

ペルソナ 脳《のう》に潜《ひそ》む闇《やみ》

二〇二〇年一〇月二〇日第一刷発行 二〇二〇年一一月一七日第三刷発行

著者 中野《なかの》信子《のぶこ》

発行者 渡瀬昌彦

発行所 株式会社講談社

東京都文京区音羽二丁目一二―二一 郵便番号一一二―八〇〇一

電話 〇三―五三九五―三五二一 編集（現代新書）

〇三―五三九五―四四一五 販売

〇三―五三九五―三六一五 業務

装幀者 中島英樹

印刷所 凸版印刷株式会社

製本所 株式会社国宝社

定価はカバーに表示してあります Printed in Japan

N.D.C. 289 238p 18cm

ISBN978-4-06-521444-2

編集協力：小峰敦子

「講談社現代新書」の刊行にあたって

教養は万人が身をもって養い創造すべきものであって、一部の専門家の占有物として、ただ一方的に人々の手もとに配布され伝達されうるものではありません。

しかし、不幸にしてわが国の現状では、教養の重要な養いとなるべき書物は、ほとんど講壇からの天下りや単なる解説に終始し、知識技術を真剣に希求する青少年・学生・一般民衆の根本的な疑問や興味は、けっして十分に答えられ、解きほぐされ、手引きされることがありません。万人の内奥から発した真正の教養への芽ばえが、こうして放置され、むなしく滅びさる運命にゆだねられているのです。

このことは、中・高校だけで教育をおわる人々の成長をはばんでいるだけでなく、大学に進んだり、インテリと目されたりする人々の精神力の健康さえもむしばみ、わが国の文化の実質をまことに脆弱なものにしています。単なる博識以上の根強い思索力・判断力、および確かな技術にささえられた教養を必要とする日本の将来にとって、これは真剣に憂慮されなければならない事態であるといわなければなりません。

わたしたちの「講談社現代新書」は、この事態の克服を意図して計画されたものです。これによってわたしたちは、講壇からの天下りでもなく、単なる解説書でもない、もっぱら万人の魂に生ずる初発的かつ根本的な問題をとらえ、掘り起こし、手引きし、しかも最新の知識への展望を万人に確立させる書物を、新しく世の中に送り出したいと念願しています。

わたしたちは、創業以来民衆を対象とする啓蒙の仕事に専心してきた講談社にとって、これこそもっともふさわしい課題であり、伝統ある出版社としての義務でもあると考えているのです。

一九六四年四月　野間省一